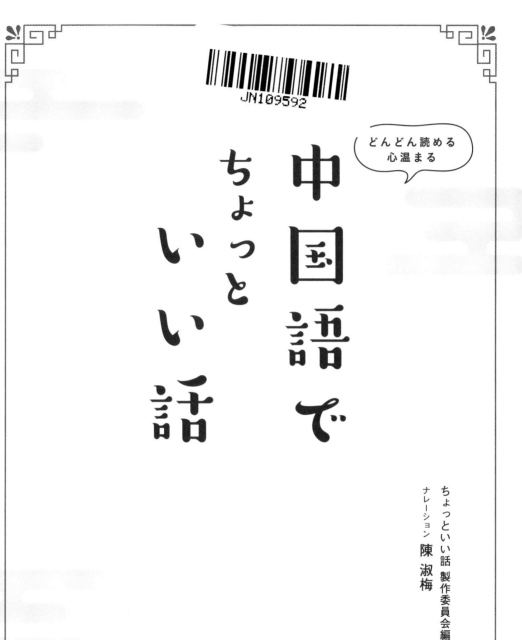

JN109592

どんどん読める
心温まる

中国語で ちょっと いい話

ちょっといい話 製作委員会編

ナレーション 陳 淑梅

アルク

はじめに

「読解教材を買ったものの途中で飽きてしまった」

「内容が説教臭くつまらない」

「難しい表現が多くなかなか読み進められない」

　中国語学習者の方なら、一度はこんな経験があるのではないでしょうか。しかし、本書のように、平易な中国語で書かれた面白い内容のものなら、きっとスラスラ読めるはずです。

　本書は、人々の心に残る物語を収録した読解教材です。第1章は中国を舞台にしたストーリーで、現代の実話をベースにしたもの、故事成語をもとにしたものから構成されています。第2章は『英語で泣ける　ちょっといい話』『英語で泣ける　ちょっといい話2』（アルク）を中国語に翻訳したものです。

　20編のストーリーは、より読みやすくするために、できるだけ中検3級・HSK4級レベルの単語を用いて執筆されています。難しい単語やフレーズを極力用いないことで、内容をそのまま味わえるものになっています。

　また、20編すべてのストーリーの中国語を収録した音声を用意しています。読み手は日本の中国語学習者にはおなじみの陳淑梅先生です。音読の練習やリスニング教材としてもお使いいただくことができます。

　本書が、皆さまの中国語学習の一助になれば幸いです。

　　　　　　　　　　　　アルク出版編集部　ちょっといい話 製作委員会

本書の構成と使い方

本書は、中国が舞台のストーリーと、アメリカを中心とした英語圏で広く読まれているストーリーの計20編を収録しています。

タイトル　音声トラック番号　リード文

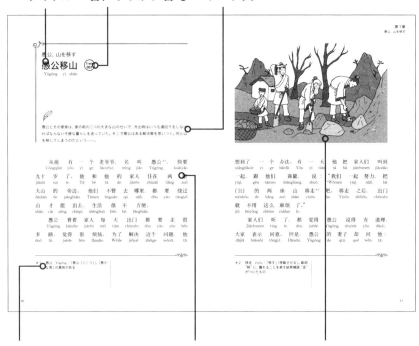

語注

所定のレベルを超える単語やフレーズには注釈をつけています。当該ページに登場する語句をページごとにまとめていますが、一部は前後して掲載しています。

本文

漢字とピンインを上下セットで掲載しています。日本語訳は各ストーリーの最後にあります。ピンインが必要ない方は、巻末の「ピンインなし中国語テキスト」をご利用ください。

イラスト

ストーリーを象徴する場面を描いています。本文を読み始める前にリード文を読み、イラストを眺めてストーリーの展開を想像してみてもいいでしょう。

本書は主に、中検3級・HSK4級レベル以上の中国語学習者をターゲットとしています。また、ピンイン表記は原則として《現代漢語詞典》（商務印書館）の第七版に準拠しています。

このストーリーのポイント

ストーリーから読み取れるメッセージを簡単に記しています。一つの意見として読んでみてください。

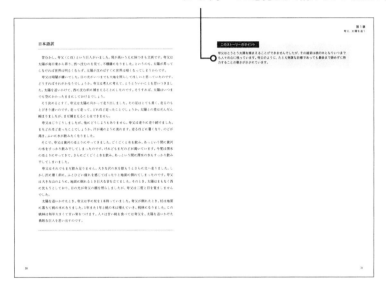

音声のダウンロードについて

本書の商品コードは「7024027」です。

●パソコンでダウンロードする場合

以下のURLで「アルク・ダウンロードセンター」にアクセスの上、画面の指示に従って、音声ファイルをダウンロードしてください。

URL：https：//portal-dlc.alc.co.jp

●スマートフォンでダウンロードする場合

以下のURLから学習用アプリ「booco」をインストールの上、ホーム画面下「さがす」から本書を検索し、音声ファイルをダウンロードしてください。

URL：https：//booco.page.link/4zHd

※本サービスの内容は、予告なく変更する場合がございます。あらかじめご了承ください

目 次

第1章
中国が舞台のストーリー

第1章
中国が舞台のストーリー

愚公、山を移す

愚公移山
Yúgōng yí shān

愚公とその家族は、家の前の二つの大きな山のせいで、外出時はいつも遠回りをしなければならない不便な暮らしを送っていた。そこで愚公はある解決策を思いつく。何と山を移してしまうのだという……。

从前　　有　　一　　个　　老爷爷，　名　　叫　　愚公*1，　快要
Cóngqián　yǒu　yí　ge　lǎoyéye,　míng　jiào　Yúgōng,　kuàiyào

九十　　岁　　了。　他　　和　　他　　的　　家人　　住在　　两　　座
jiǔshí　suì　le.　Tā　hé　tā　de　jiārén　zhùzài　liǎng　zuò

大山　　的　　旁边。　他们　　不管　　去　　哪里，　都　　要　　绕过
dàshān　de　pángbiān.　Tāmen　bùguǎn　qù　nǎli,　dōu　yào　ràoguò

山　　才　　能　　出去，　生活　　很　　不　　方便。
shān　cái　néng　chūqù,　shēnghuó　hěn　bù　fāngbiàn.

愚公　　看着　　家人　　每　　天　　出门　　都　　要　　走　　很
Yúgōng　kànzhe　jiārén　měi　tiān　chūmén　dōu　yào　zǒu　hěn

多　　路，　觉得　　很　　烦恼。　为了　　解决　　这个　　问题，　他
duō　lù,　juéde　hěn　fánnǎo.　Wèile　jiějué　zhèige　wèntí,　tā

＊1　愚公　Yúgōng：「愚公（ぐこう）」。「愚かな男」の意味がある

想到了　一个　办法。有　一　天，他　把　家人们　叫到
xiǎngdàole　yí　ge　bànfǎ. Yǒu　yì　tiān, tā　bǎ　jiārénmen　jiàodào

一起，跟　他们　商量，说："我们　一起　努力，把
yìqǐ, gēn　tāmen　shāngliang, shuō:　"Wǒmen　yìqǐ　nǔlì, bǎ

门口　的　两　座　山　移走*2　吧。移走　之后，出门
ménkǒu　de　liǎng　zuò　shān　yízǒu　ba. Yízǒu　zhīhòu, chūmén

就　不用　这么　麻烦　了。"
jiù　búyòng　zhème　máfan　le.

家人们　听　了，都　觉得　愚公　说得　有　道理，
Jiārénmen　tīng　le, dōu　juéde　Yúgōng　shuōde　yǒu　dàoli,

大家　表示　同意。但是，愚公　的　妻子　却　问　他：
dàjiā　biǎoshì　tóngyì. Dànshì, Yúgōng　de　qīzi　què　wèn　tā:

---

*2　移走　yízǒu：「移す」「移動させる」。動詞
　　"移"に、離れることを表す結果補語"走"
　　がついたもの

"这 两 座 山 这么 大, 怎样 才 能 把 它们
"Zhè liǎng zuò shān zhème dà, zěnyàng cái néng bǎ tāmen

移走 呢?" 愚公 回答 说: "我们 一点儿 一点儿 挖,
yízǒu ne?" Yúgōng huídá shuō: "Wǒmen yìdiǎnr yìdiǎnr wā,

总 有 一 天*3 能 挖走 的。"
zǒng yǒu yì tiān néng wāzǒu de.

妻子 又 问: "挖出来 的 泥土*4 和 石头 要
Qīzi yòu wèn: "Wāchulai de nítǔ hé shítou yào

怎么 办 呢?" 这个 问题 把 愚公 问倒 了, 他
zěnme bàn ne?" Zhèige wèntí bǎ Yúgōng wèndǎo le, tā

一下子 不 知道 该 怎么 回答。其他 的 家人 听 了,
yíxiàzi bù zhīdào gāi zěnme huídá. Qítā de jiārén tīng le,

开始 给 愚公 出 主意。有 人 说: "可以 扔到
kāishǐ gěi Yúgōng chū zhǔyi. Yǒu rén shuō: "Kěyǐ rēngdào

海里 去。" 愚公 觉得 这个 办法 好, 于是 决定 就
hǎili qù." Yúgōng juéde zhèige bànfǎ hǎo, yúshì juédìng jiù

这样 做。
zhèyàng zuò.

说 做 就 做。愚公 挑了 三 个 力气 大 的
Shuō zuò jiù zuò. Yúgōng tiāole sān ge lìqi dà de

家人, 和 他 一起 开始 移 山。他们 挖开 泥土,
jiārén, hé tā yìqǐ kāishǐ yí shān. Tāmen wākāi nítǔ,

凿*5开 石头, 等 挖出来 的 泥土 和 石头 积累到
záokāi shítou, děng wāchulai de nítǔ hé shítou jīlěidào

一定*6 的 数量, 就 把 它们 扔到 海里 去。愚公
yídìng de shùliàng, jiù bǎ tāmen rēngdào hǎili qù. Yúgōng

的 邻居 有 一 个 很 小 的 孩子, 才 刚 开始
de línjū yǒu yí ge hěn xiǎo de háizi, cái gāng kāishǐ

---

*3 总有一天 zǒng yǒu yì tiān：いつか、いつ   *6 一定 yídìng：一定の、ある程度の
の日か

*4 泥土 nítǔ：土

*5 凿 záo：「掘る」「(石などに) 穴を開け
る」。のみ、たがねなどで穴を開けたり切
り出したりすることを言う

换牙*7， 就 连 这个 孩子 都 主动 来 帮 他们。
huànyá, jiù lián zhèige háizi dōu zhǔdòng lái bāng tāmen.

不过， 愚公 家 离 海 很 远， 走 一 趟 需要
Búguò, Yúgōng jiā lí hǎi hěn yuǎn, zǒu yí tàng xūyào

半 年， 去 的 时候 是 冬天， 回来 的 时候 已经
bàn nián, qù de shíhou shì dōngtiān, huílái de shíhou yǐjīng

变成了 夏天。
biànchéngle xiàtiān.

有 一 个 名 叫 智叟*8 的 人， 听说了 愚公
Yǒu yí ge míng jiào Zhìsǒu de rén, tīngshuōle Yúgōng

一家 想 要 移 山 的 事。 他 觉得 这 根本 就是
yìjiā xiǎng yào yí shān de shì. Tā juéde zhè gēnběn jiùshì

在 开 玩笑。 智叟 来 见 愚公， 笑着 对 他
zài kāi wánxiào. Zhìsǒu lái jiàn Yúgōng, xiàozhe duì tā

说： "你 这个 人 可 真 笨! 你 今年 都 已经
shuō: "Nǐ zhèige rén kě zhēn bèn! Nǐ jīnnián dōu yǐjīng

九十 岁 了， 还 能 活 几 天 呢? 这 两 座 山
jiǔshí suì le, hái néng huó jǐ tiān ne? Zhè liǎng zuò shān

这么 大， 就算 你 一直 挖到 死， 也 不 可能 把
zhème dà, jiùsuàn nǐ yìzhí wādào sǐ, yě bù kěnéng bǎ

它们 移走。"
tāmen yízǒu."

可是， 愚公 却 对 智叟 说： "你 这个 人 只
Kěshì, Yúgōng què duì Zhìsǒu shuō: "Nǐ zhèige rén zhǐ

看 眼前*9， 而 不 看 将来。 即使 我 死 了， 还
kàn yǎnqián, ér bú kàn jiānglái. Jíshǐ wǒ sǐ le, hái

有 我 的 儿子。 我 儿子 死 了， 还 有 我 的
yǒu wǒ de érzi. Wǒ érzi sǐ le, hái yǒu wǒ de

---

*7 换牙 huànyá：「歯が生え替わる」。「牙」は 「牙」でなく「歯」の意味

*8 智叟 Zhìsǒu：「智叟（ちそう）」。「賢い老 人」の意味がある

*9 眼前 yǎnqián：目の前、目先

*10 天帝 tiāndì：天帝、天の神様

*11 一家人 yìjiārén：家族、（家族のような） 仲間

孙子。 我们 家 永远 都 会 有 新人 出生, 但
sūnzi. Wǒmen jiā yǒngyuǎn dōu huì yǒu xīnrén chūshēng, dàn

这 两 座 山 却 不 会 变得 更 大 了。 所以,
zhè liǎng zuò shān què bú huì biànde gèng dà le. Suǒyǐ,

只要 我们 坚持 挖下去, 总 有 一 天 能够
zhǐyào wǒmen jiānchí wāxiaqu, zǒng yǒu yì tiān nénggòu

移走 它们。"
yízǒu tāmen."

后来, 天帝 *10 知道了 这 件 事。 他 被 愚公 的
Hòulái, tiāndì zhīdaole zhèi jiàn shì. Tā bèi Yúgōng de

精神 感动, 派 两 个 儿子 搬走了 这 两 座
jīngshén gǎndòng, pài liǎng ge érzi bānzǒule zhè liǎng zuò

大山。 就 这样, 愚公 家 门口 的 山 没有 了,
dàshān. Jiù zhèyàng, Yúgōng jiā ménkǒu de shān méiyǒu le,

一家人 *11 出门 再 也 不用 绕路 了。
yìjiārén chūmén zài yě búyòng ràolù le.

日本語訳

　昔、愚公というおじいさんがおりました。90に手が届こうという歳です。愚公とその家族は、2つの大きな山のそばに住んでいました。どこに行くにも山を遠回りして行かなければならず、日々の暮らしはとても大変でした。

　愚公は家族が毎日出かけるのに長いこと歩かなければならないのを見て、頭を痛めていました。そしてこの問題を解決するために、ある方法を思いついたのです。ある日のこと、愚公は家族を呼び集め、「わしらは力を合わせて、家の前の山を2つとも移してしまおうじゃないか。そうしたら出かけるのにこんな面倒はなくなるぞ」と相談を持ちかけました。

　家族はそれを聞いて、もっともだと思い、みんな賛成しました。けれども愚公の妻は「こんなに大きな山2つ、どうすれば移せるというんです?」と尋ねました。愚公の答えは「わしらが少しずつ掘っていけば、いつかなくせるよ」というものでした。

　妻はまた「掘った土や石はどうするんです?」と尋ねました。この問いに愚公はぐっと詰まり、なんと答えたらよいかすぐには分かりません。他の家族はそれを聞くと、愚公のために知恵

をしぼり始めました。ある者が「海に捨てればいい」と言いました。愚公は、それはいい手だと思ったので、そうすることにしました。

　思い立ったが吉日、愚公は一緒に山を移す力持ちの家族を3人選びました。彼らは土を掘り、石を切り出します。掘った土や石がある程度たまると、海に捨てに行くのです。愚公の隣人には、やっと歯が生え替わり始めたばかりの小さな子供がいて、その子さえも進んで手伝ってくれました。けれども愚公の家は海から遠く、行って帰ってくるのに半年かかります。出かけたときは冬だったのに、戻ってきたらもう夏になっているのです。

　智叟という人が、愚公一家が山を移そうとしていることを耳にして、まるっきりお笑いぐさだと考えました。智叟は愚公に会いに来て、笑いながら言いました。「あなたは本当に愚かだ。今年もう90歳になるのに、あとどれくらい生きられるというのですか。こんな大きな山2つ、死ぬまで掘ったところで移すことなんてできやしませんよ」

　けれども愚公は智叟に言いました。「あなたという人は、目の前のことだけ見て先を見ていない。私が死んでも私の息子がいる。息子が死んでも孫がいる。我が家にはこの先もずっと新しく生まれてくる者がいるが、この2つの山はこれ以上大きくはならない。だから、我々が掘り続ければ、いつか移すことができるはずです」

　その後、天の神様がこのことを知りました。神様は愚公の心意気に打たれ、2人の息子を遣わして2つの山を持ち去らせました。こうして愚公の家の前の山はなくなり、家族が出かけるのに遠回りする必要はなくなったのでした。

このストーリーのポイント

山を移すという愚公の途方もない計画は、すぐに結果を求めず努力を少しずつ重ねることの大切さを教えてくれます。そうして日々努力する姿はやがて誰かの目に留まり、時に心強い味方を呼ぶことにもつながるのです。

夸父、太陽を追う

夸父追日 Track 002
Kuāfù zhuī rì

暗闇が嫌いな夸父（こほ）という巨人がいた。夸父は太陽を捕まえようと必死に後を追う。が、意外な結末が待っていた。そして後世の人々に語り継がれることとなる……。

很	久	很	久	以前，	有	一	个	巨人	名	叫
Hěn	jiǔ	hěn	jiǔ	yǐqián,	yǒu	yí	ge	jùrén	míng	jiào

夸父，	长得	又	高	又	大。	他	看见	太阳	每	天
Kuāfù,	zhǎngde	yòu	gāo	yòu	dà.	Tā	kànjiàn	tàiyang	měi	tiān

从	东边	升*1起来，	从	西边	落下去，	觉得	很	不
cóng	dōngbian	shēngqilai,	cóng	xībian	luòxiaqu,	juéde	hěn	bù

高兴。	因为	太阳	升起来	的	时候，	世界	才	有
gāoxìng.	Yīnwei	tàiyang	shēngqilai	de	shíhou,	shìjiè	cái	yǒu

光，	太阳	落下去	的	时候，	世界	就	没有了	光。
guāng,	tàiyang	luòxiaqu	de	shíhou,	shìjiè	jiù	méiyǒule	guāng.

夸父	不	喜欢	黑暗，	他	希望	阳光	永远
Kuāfù	bù	xǐhuan	hēi'àn,	tā	xīwàng	yángguāng	yǒngyuǎn

---

*1　升 shēng：(太陽が) 昇る

照着　大地。要　用　什么　办法　才　能　做到　这　一
zhàozhe　dàdì.　Yào　yòng　shénme　bànfǎ　cái　néng　zuòdào　zhè　yì

点　呢?　夸父　想　啊　想,　终于　想出了　一　个
diǎn　ne?　Kuāfù　xiǎng　a　xiǎng,　zhōngyú　xiǎngchūle　yí　ge

好　主意。他　决定　去　追　太阳,　在　太阳　从　西边
hǎo　zhǔyi.　Tā　juédìng　qù　zhuī　tàiyang,　zài　tàiyang　cóng　xībian

落下去　之前,　把　太阳　抓住。　这样,　太阳　就　可以
luòxiaqu　zhīqián,　bǎ　tàiyang　zhuāzhù.　Zhèyàng,　tàiyang　jiù　kěyǐ

永远　挂在　天上　了。
yǒngyuǎn　guàzài　tiānshang　le.

　　说　做　就　做。夸父　往　太阳　的　方向
　　Shuō　zuò　jiù　zuò.　Kuāfù　wǎng　tàiyang　de　fāngxiàng

跑起来。 他 的 腿 特别 长， 跑得 特别 快。 他 跑
pǎoqilai. Tā de tuǐ tèbié cháng, pǎode tèbié kuài. Tā pǎo

啊 跑、 跑 啊 跑， 不 知道 跑了 多 久。 他 和
a pǎo、 pǎo a pǎo, bù zhīdào pǎole duō jiǔ. Tā hé

太阳 之间 的 距离 越 来 越 近， 可 就是 抓不到
tàiyang zhījiān de jùlí yuè lái yuè jìn, kě jiùshì zhuābudào

太阳。
tàiyang.

夸父 很 着急， 但 也 没有 其他 办法。 他 继续
Kuāfù hěn zháojí, dàn yě méiyǒu qítā bànfǎ. Tā jìxù

跑 啊 跑、 跑 啊 跑， 又 不 知道 跑了 多 久。
pǎo a pǎo、 pǎo a pǎo, yòu bù zhīdào pǎole duō jiǔ.

他 流了 许多 汗， 越 跑 越 热， 越 跑 越 渴，
Tā liúle xǔduō hàn, yuè pǎo yuè rè, yuè pǎo yuè kě,

突然 很 想 喝 水。
tūrán hěn xiǎng hē shuǐ.

于是， 夸父 来到 黄河*2边 大口 大口 地 喝
Yúshì, Kuāfù láidào Huánghébiān dàkǒu dàkǒu de hē

水， 很 快 就 把 黄河 里 的 水 喝干 了。 可是，
shuǐ, hěn kuài jiù bǎ Huánghé li de shuǐ hēgān le. Kěshì,

夸父 还是 渴。 他 又 来到 渭水*3边， 继续 大口 大口
Kuāfù háishi kě. Tā yòu láidào Wèishuǐbiān, jìxù dàkǒu dàkǒu

地 喝 水， 很 快 也 把 渭水 里 的 水 喝干 了。
de hē shuǐ, hěn kuài yě bǎ Wèishuǐ li de shuǐ hēgān le.

夸父 还是 觉得 不 够， 他 又 往 北边 跑，
Kuāfù háishi juéde bú gòu, tā yòu wǎng běibian pǎo,

想 去 喝 大泽*4 里 的 水。 但是， 他 还 没有
xiǎng qù hē dàzé li de shuǐ. Dànshì, tā hái méiyou

---

*2 黄河 Huánghé：「黄河（こうが）」。中国 の北方を代表する大河、全長は5464キ ロメートルで中国第2位。青蔵高原から 青海省・四川省・甘粛省・寧夏回族自治 区・内モンゴル自治区・山西省・陝西 省・河南省・山東省を通って渤海へと流

れる。その流域に多くの中国文明が生ま れたことから、「母なる川」の呼び名があ る

*3 渭水 Wèishuǐ：「渭水（いすい）」。現在は 「渭河」と呼ばれる、黄河最大の支流。甘 粛省から陝西省を通って黄河に合流し、

跑到　　大泽，突然　感到　很　累　很　累，一下子　倒*5在了
pǎodào　dàzé,　tūrán　gǎndào　hěn　lèi　hěn　lèi,　yíxiàzi　dǎozàile

地上。　夸父　就　　像　　一　座　大山，倒在　地上　时
dìshang.　Kuāfù　jiù　xiàng　yí　zuò　dàshān,　dǎozài　dìshang　shí

发出　一　声　　巨响*6。这　时，太阳　很　快　就　要
fāchū　yì　shēng　jùxiǎng.　Zhè　shí,　tàiyang　hěn　kuài　jiù　yào

从　西边　落下去　了，阳光　　照在　他　的　脸上，
cóng　xībian　luòxiaqu　le,　yángguāng　zhàozài　tā　de　liǎnshang,

他　再　也　没有　醒过来。
tā　zài　yě　méiyou　xǐngguolai.

夸父　追　日　时，手里　拿着　一　根　木杖*7。他
Kuāfù　zhuī　rì　shí,　shǒuli　názhe　yì　gēn　mùzhàng.　Tā

倒　地　后，木杖　落在　地上，长成了　一　棵
dǎo　dì　hòu,　mùzhàng　luòzài　dìshang,　zhǎngchéngle　yì　kē

桃树*8。一　年　又　一　年，桃树　越　长　越　多，
táoshù.　Yì　nián　yòu　yì　nián,　táoshù　yuè　zhǎng　yuè　duō,

变成了　桃树林。这些　桃树　每　年　都　会　长出
biànchéngle　táoshùlín.　Zhèxiē　táoshù　měi　nián　dōu　huì　zhǎngchū

桃子，又　大　又　甜。人们　吃着　甜甜　的　桃子，就
táozi,　yòu　dà　yòu　tián.　Rénmen　chīzhe　tiántián　de　táozi,　jiù

会　想起　夸父，想起　那个　勇敢　追　日　的　巨人。
huì　xiǎngqǐ　Kuāfù,　xiǎngqǐ　nèige　yǒnggǎn　zhuī　rì　de　jùrén.

全長787キロメートル。渭水盆地には古
代文明が多く発展した

＊4　大泽　dàzé：大きな沢

＊5　倒　dǎo：「倒れる」「転ぶ」。“倒”は複数
の発音がある字で、「逆さまにする」とい
う意味の場合は“dào”と第4声で読む

＊6　巨响　jùxiǎng：大きな音

＊7　木杖　mùzhàng：木の杖

＊8　桃树　táoshù：桃の木

日本語訳

　昔むかし、夸父（こほ）という巨人がいました。背が高いうえに体つきも立派です。夸父は太陽が毎日東から昇り、西へ沈むのを見て、不機嫌になりました。というのも、太陽が昇ってこなければ世界は明るくならず、太陽が沈めばすぐに世界は暗くなってしまうからです。

　夸父は暗闇が嫌いでした。日の光がいつまでも大地を照らしてほしいと思っていたのです。どうすればそれがかなうでしょうか。夸父は考えに考えて、とうとういいことを思いつきました。太陽を追いかけて、西に沈む前に捕まえることにしたのです。そうすれば、太陽はいつまでも空にかかったままにしておけるでしょう。

　そう決めるとすぐ、夸父は太陽に向かって走り出しました。その足はとても長く、走るのもとびきり速いのです。走って走って、どれほど走ったことでしょうか。太陽との差はだんだん縮まりましたが、まだ捕まえることはできません。

　夸父はじりじりしましたが、他にどうしようもありません。夸父は走りに走り続けました。またどれほど走ったことでしょうか。汗が滝のように流れます。走るほどに暑くなり、のどが渇き、ふいに水が飲みたくなりました。

　そこで、夸父は黄河のほとりにやってきました。ごくごくと水を飲み、あっという間に黄河の水をすっかり飲み干してしまったのです。けれどもまだのどが渇いています。今度は渭水のほとりにやってきて、さらにごくごくと水を飲み、あっという間に渭水の水もすっかり飲み干してしまいました。

　夸父はそれでもまだ飲み足りません。大きな沢の水を飲もうとさらに北へ走りました。しかし沢に着く前に、ふとひどい疲れを感じてばったりと地面に倒れてしまったのです。夸父は大きな山のように、地面に倒れるとき巨大な音を立てました。そのとき、太陽はまもなく西に沈もうとしており、日の光が夸父の顔を照らしましたが、夸父は二度と目を覚ましませんでした。

　太陽を追いかけたとき、夸父は手に杖を1本持っていました。夸父が倒れたとき、杖は地面に落ちて桃の木になりました。1年また1年と桃の木は増えていき、桃林になりました。この桃林は毎年大きくて甘い実をつけます。人々は甘い桃を食べては夸父を、太陽を追いかけた勇敢な巨人を思い出すのです。

このストーリーのポイント

夸父はとうとう太陽を捕まえることができませんでしたが、その雄姿は桃の木となりいつまでも人々の心に残っています。夸父のように、たとえ無謀な目標であっても最後まで諦めずに努力することの尊さが示されています。

魔法の筆を持つ馬良

神笔马良

Shénbǐ　Mǎ Liáng

幼くして両親を亡くした馬良（まりょう）は絵を描くことが好きだった。しかし彼は自分の筆を持っておらず、いつも枝や草を代わりに使っていた。そんなある日、馬良の前に一人の老人が現れ一本の筆を授けてくれたのだが……。

従前　　有　　个　　孩子，　名字　　叫　　马　　良，　父母　　死得
Cóngqián　yǒu　ge　háizi,　míngzi　jiào　Mǎ　Liáng,　fùmǔ　sǐde

早，　只　　剩下　　他　　一　　个　　人。　马　　良　　从小　　喜欢
zǎo,　zhǐ　shèngxià　tā　yí　ge　rén.　Mǎ　Liáng　cóngxiǎo　xǐhuan

画　　画，　可是　　他　　没有　　笔。　有　　一　　天，　他　　路过*1
huà　huà,　kěshì　tā　méiyǒu　bǐ.　Yǒu　yì　tiān,　tā　lùguò

学馆*2，　想　　借　　一　　支　　笔，　却　　被　　人　　赶*3了　　出来。
xuéguǎn,　xiǎng　jiè　yì　zhī　bǐ,　què　bèi　rén　gǎnle　chūlai.

马　　良　　很　　难过，　也　　很　　失望，　但是　　他　　不　　愿
Mǎ　Liáng　hěn　nánguò,　yě　hěn　shīwàng,　dànshì　tā　bú　yuàn

放弃*4。　他　　决定　　自己　　学　　画　　画。
fàngqì.　Tā　juédìng　zìjǐ　xué　huà　huà.

＊1　路过 lùguò：通り過ぎる
＊2　学馆 xuéguǎn：学校
＊3　赶 gǎn：追う、追い払う
＊4　放弃 fàngqì：放棄する、諦める

马　良　不管　做　什么，　都　想着　练习　画　画。
Mǎ Liáng bùguǎn zuò shénme, dōu xiǎngzhe liànxí huà huà.

他　用　树枝*5　在　地上　画，用　草　蘸*6了　水　在
Tā yòng shùzhī zài dìshang huà, yòng cǎo zhànle shuǐ zài

石头　上　画。就　连　他　住　的　地方，　墙上　都
shítou shang huà. Jiù lián tā zhù de dìfang, qiángshang dōu

被　他　画满了　各　种　东西。
bèi tā huàmǎnle gè zhǒng dōngxi.

　一　年　一　年　过去，马　良　从来　没有　停止过
Yì nián yì nián guòqù, Mǎ Liáng cónglái méiyou tíngzhǐguo

画　画。就　因为　这样，　他　进步得　很　快，　画出来
huà huà. Jiù yīnwei zhèyàng, tā jìnbùde hěn kuài, huàchulai

＊5　树枝 shùzhī：木の枝
＊6　蘸 zhàn：「つける」。筆に墨汁などをつ
　　けたり、食物に調味料をつけたりするこ
　　とを言う

的 东西 跟 真 的 一 模 一 样。 但是， 马 良
de dōngxi gēn zhēn de yì mú yí yàng. Dànshì, Mǎ Liáng

仍然 没有 笔， 他 多么 希望 能 有 一 支 自己
réngrán méiyǒu bǐ, tā duōme xīwàng néng yǒu yì zhī zìjǐ

的 画笔*7!
de huàbǐ!

有 一 天 晚上， 马 良 睡着 以后， 发现
Yǒu yì tiān wǎnshang, Mǎ Liáng shuìzháo yǐhòu, fāxiàn

周围 亮了 起来， 可以 看到 彩色 的 光。 光里
zhōuwéi liàngle qǐlai, kěyǐ kàndào cǎisè de guāng. Guānglǐ

走出 一 个 有着 白色 胡子 的 老人， 送给 马
zǒuchū yí ge yǒuzhe báisè húzi de lǎorén, sònggěi Mǎ

良 一 支 笔。 老人 说："这 是 一 支 神笔， 你
Liáng yì zhī bǐ. Lǎorén shuō: "Zhè shì yì zhī shénbǐ, nǐ

要 好好儿 使用 它!" 马 良 开心极 了。 可是， 他
yào hǎohāor shǐyòng tā!" Mǎ Liáng kāixīnjí le. Kěshì, tā

还 来不及 说 一 声 谢谢， 老人 就 不 见 了。
hái láibují shuō yì shēng xièxie, lǎorén jiù bú jiàn le.

马 良 醒过来， 以为 是 一 个 梦， 但 他
Mǎ Liáng xǐngguolai, yǐwéi shì yí ge mèng, dàn tā

手里 确实 拿着 一 支 金色*8 的 笔， 他 高兴 坏
shǒuli quèshí názhe yì zhī jīnsè de bǐ, tā gāoxìng huài

了。 马 良 赶紧 用 笔 画了 一 只 鸟。 他 一
le. Mǎ Liáng gǎnjǐn yòng bǐ huàle yì zhī niǎo. Tā yí

画完， 那 只 鸟 竟然 飞了 起来。 马 良 又 惊讶
huàwán, nèi zhī niǎo jìngrán fēile qǐlai. Mǎ Liáng yòu jīngyà

又 兴奋， 他 开始 为 村里 的 穷人们 画 画。
yòu xīngfèn, tā kāishǐ wèi cūnli de qióngrénmen huà huà.

---

*7 画笔 huàbǐ：絵筆
*8 金色 jīnsè：金色の

缺少　　　什么，　画　　什么。　有　人　缺少　牛，　他　就
Quēshǎo　shénme,　huà　shénme.　Yǒu　rén　quēshǎo　niú,　tā　jiù

画　牛。　有　人　缺少　水车*9，　他　就　画　水车。
huà　niú.　Yǒu　rén　quēshǎo　shuǐchē,　tā　jiù　huà　shuǐchē.

　　　后来，　　县令*10　知道了　这　件　　事。　他　派　人
　　　Hòulái,　xiànlìng　zhīdaole　zhèi　jiàn　shì.　Tā　pài　rén

抓住　马　良，　命令　他　画　金元宝*11，　可是　马
zhuāzhù　Mǎ　Liáng,　mìnglìng　tā　huà　jīnyuánbǎo,　kěshì　Mǎ

良　不　愿意。　县令　非常　生气，　把　马　良
Liáng　bú　yuànyì.　Xiànlìng　fēicháng　shēngqì,　bǎ　Mǎ　Liáng

关*12　了　起来。　但是，　聪明　的　马　良　用　他　的
guānle　qǐlai.　Dànshì,　cōngming　de　Mǎ　Liáng　yòng　tā　de

神笔，　成功　地　逃了　出去。
shénbǐ,　chénggōng　de　táole　chūqu.

　　　马　良　不　能　再　回　自己　的　家，　他　只　能
　　　Mǎ　Liáng　bù　néng　zài　huí　zìjǐ　de　jiā,　tā　zhǐ　néng

去了　很　远　的　地方。　然而，　马　良　的　神笔　实在
qùle　hěn　yuǎn　de　dìfang.　Rán'ér,　Mǎ　Liáng　de　shénbǐ　shízài

太　厉害　了，　无论　他　画　什么　都　可以　变成
tài　lìhai　le,　wúlùn　tā　huà　shénme　dōu　kěyǐ　biànchéng

真　的，　就　连　皇帝　都　听说了　这　件　事。
zhēn　de,　jiù　lián　huángdì　dōu　tīngshuōle　zhèi　jiàn　shì.

　　　皇帝　派　人　把　马　良　抓起来，　抢走了　马
　　　Huángdì　pài　rén　bǎ　Mǎ　Liáng　zhuāqilai,　qiǎngzǒule　Mǎ

良　的　神笔。　皇帝　自己　用　神笔　画了　一　座
Liáng　de　shénbǐ.　Huángdì　zìjǐ　yòng　shénbǐ　huàle　yí　zuò

金山*13，　可是　出现　的　却　是　一　座　普通　的　山，
jīnshān,　kěshì　chūxiàn　de　què　shì　yí　zuò　pǔtōng　de　shān,

＊9　水车　shuǐchē：水車
＊10　县令　xiànlìng：県の長官、県知事
＊11　金元宝　jīnyuánbǎo：「馬蹄金」。"元宝" は昔の通貨で、金と銀がある。通貨といっても貨幣の形ではなく馬蹄型の塊で、その都度重さを量って使った

＊12　关　guān：「閉じ込める」。この意味の場合、よく収束や制御を表す方向補語の "起来" と組み合わせて使われる
＊13　金山　jīnshān：金の山

都 是 石头。 没有 办法, 皇帝 只 能 把 马 良
dōu shì shítou. Méiyǒu bànfǎ, huángdì zhǐ néng bǎ Mǎ Liáng

叫来, 命令 马 良 为 他 画 一 棵 摇钱树*14。
jiàolái, mìnglìng Mǎ Liáng wèi tā huà yì kē yáoqiánshù.

为了 拿回 神笔, 马 良 答应了 皇帝 的 要求。
Wèile náhuí shénbǐ, Mǎ Liáng dāyingle huángdì de yāoqiú.

不过, 他 先 画了 一 片 大海。 蓝色 的 海水
Búguò, tā xiān huàle yí piàn dàhǎi. Lánsè de hǎishuǐ

非常 平静, 就 像 镜子 一样。 皇帝 看 了, 很
fēicháng píngjìng, jiù xiàng jìngzi yíyàng. Huángdì kàn le, hěn

不 高兴。 然后, 马 良 在 海上 画了 一 座
bù gāoxìng. Ránhòu, Mǎ Liáng zài hǎishang huàle yí zuò

岛*15, 在 岛上 画了 一 棵 摇钱树。
dǎo, zài dǎoshang huàle yì kē yáoqiánshù.

皇帝 看 了, 开心 地 笑起来, 命令 马 良
Huángdì kàn le, kāixīn de xiàoqilai, mìnglìng Mǎ Liáng

赶快 再 画 一 只 大船。 于是, 马 良 画了 一
gǎnkuài zài huà yì zhī dàchuán. Yúshì, Mǎ Liáng huàle yì

只 很 大 的 木船。 皇帝 赶紧 带 人 上了 船。
zhī hěn dà de mùchuán. Huángdì gǎnjǐn dài rén shàngle chuán.

船 开 了, 可是 皇帝 觉得 太 慢, 命令 马 良
Chuán kāi le, kěshì huángdì juéde tài màn, mìnglìng Mǎ Liáng

画 风。 马 良 为 他 画了 风。 马 良 画 呀
huà fēng. Mǎ Liáng wèi tā huàle fēng. Mǎ Liáng huà ya

画, 风 越 来 越 大, 最后 终于 把 船 刮翻
huà, fēng yuè lái yuè dà, zuìhòu zhōngyú bǎ chuán guāfān

了。 就 这样, 皇帝 掉进 海里, 淹*16死 了。
le. Jiù zhèyàng, huángdì diàojìn hǎili, yānsǐ le.

---

*14 摇钱树 yáoqiánshù：「金のなる木」。神話
に出てくる、揺するとお金が落ちてくる
という木。比喩として「ドル箱」の意味に
も使われる
*15 岛 dǎo：島
*16 淹 yān：水に沈む、水没する

皇帝　　死了　以后，　谁　也　不　知道　马　　良　去了
Huángdì　sǐle　yǐhòu,　shéi　yě　bù　zhīdào　Mǎ　Liáng　qùle

哪里。　有　人　说，　他　回到了　自己　的　家。　也　有　人
nǎli.　Yǒu　rén　shuō,　tā　huídàole　zìjǐ　de　jiā.　Yě　yǒu　rén

说，　他　去了　很　多　地方，　只　为　　穷人们　　画　画。
shuō,　tā　qùle　hěn　duō　dìfang,　zhǐ　wèi　qióngrénmen　huà　huà.

日本語訳

　昔、馬良（まりょう）という子供がいました。親は早くに亡くなり、独りぼっちです。馬良は幼い頃から絵を描くのが好きでしたが、筆を持っていませんでした。ある日、彼は学校を通りかかりました。筆を借りたいと思ったのですが、追い出されてしまいました。馬良はとても悲しく、がっかりしましたが、諦めたくありません。それで、独学で絵を学ぼうと決めました。

　馬良は何をするにも絵を練習することばかり考えていました。木の枝で地面に絵を描き、草に水をつけて石に絵を描くのです。住んでいる場所でさえ、壁は彼が描いた様々なもので埋め尽くされていました。

　1年また1年と時は過ぎてゆきました。馬良は片時も描くのをやめません。こうして絵の腕前はどんどん上達し、描くものは本物そっくり。けれども馬良はまだ筆を持っていませんでした。どんなに自分の筆が欲しいと思ったことでしょう！

　ある晩、馬良が寝ていると、周りが明るくなって色とりどりの光が見えることに気づきました。光の中から白いひげを蓄えた老人が出てきて、馬良に筆を1本くれました。老人は「これは魔法の筆だ。きちんと使わなくてはいけないよ」と言いました。馬良は嬉しくてたまりません。けれども、まだお礼も言わないうちに老人はいなくなってしまいました。

　馬良は目を覚まし、夢だったのだと思いました。しかし手には確かに金色の筆が握られています。彼は大層喜んで、すぐにその筆で鳥を1羽描きました。ところが、描き終わったとたん、その鳥は飛び立ったのです。馬良は驚き、またわくわくもして、村の貧しい人々のために絵を描き始めました。足りないものは何でも描いてあげたのです。牛が足りない人には牛を、水車が足りない人には水車を描きました。

　やがて、県知事がこのことを聞きつけました。県知事は人をよこして馬良を捕まえ、金貨を描くように命じましたが、馬良は首を縦に振りません。県知事は怒って馬良を閉じこめてしまいました。けれども賢い馬良は魔法の筆を使ってうまく逃げだしました。

　馬良は自分の家に帰るわけにいかなかったので、遠いところに行くしかありませんでした。しかし馬良の魔法の筆は本当にすばらしく、何を描いても本物になるので、とうとう皇帝までがこのことを聞きつけました。

　皇帝は人をよこして馬良を捕まえ、馬良の魔法の筆を取り上げてしまいました。皇帝は魔法の筆で自ら金の山を描きましたが、現れたのは普通の山で、石ころだらけ。しかたがありません。皇帝はしぶしぶ馬良を呼びつけ、金のなる木を描くよう命じました。

　魔法の筆を取り戻すため、馬良は皇帝の言葉に従いました。けれども馬良は、まず一面の海を描きました。青い海はとても穏やかで、鏡のようです。皇帝はそれを見て不機嫌になりましたが、次に馬良は海の上に島を描き、島の上に金のなる木を描きました。

　皇帝はそれを見て、喜んでにっこりし、早く大きな船を描けと馬良に命じました。そこで馬良は大きな木造船を描きました。皇帝は早速人を連れて船に乗り込みます。船が出ましたが、皇帝は遅すぎると思って馬良に風を描けと命じました。馬良は皇帝のために風を描きました。描き続けるうちに、風はどんどん強くなり、とうとう船をひっくり返してしまいました。こうして皇帝は海に落ち、おぼれ死んだのでした。

　皇帝が死んだ後、馬良がどこへ行ったのかは誰も知りません。彼は自分の家に帰ったのだと言う人もいれば、あちこちに行って貧しい人たちのためだけに絵を描いたのだと言う人もいます。

このストーリーのポイント

魔法の筆を手にした馬良は、自分のためではなく村の貧しい人のためにそれを使いました。権力者が自分中心のごう慢な態度をとる一方で、力を手に入れても決しておごらず、人助けをする馬良が対照的に描かれています。

思いやり冷蔵庫

爱心冰箱 Track 004

Àixīn bīngxiāng

四川省成都市のとあるレストランの店先に、1台の大きな冷蔵庫が置かれている。中には人々の「思いやり」がぎっしりと詰まっていた……。

中国　　　成都市[*1]　一　家　餐馆　的　门口　有　一
Zhōngguó　Chéngdūshì　yì　jiā　cānguǎn　de　ménkǒu　yǒu　yì

台　大大　的　冰箱。　冰箱　里　放着　各　种　东西，
tái　dàdà　de　bīngxiāng.　Bīngxiāng　li　fàngzhe　gè　zhǒng　dōngxi,

夏天　有　冷饮[*2]，　冬天　有　　面条。　不管　是　谁，
xiàtiān　yǒu　lěngyǐn,　dōngtiān　yǒu　miàntiáo.　Bùguǎn　shì　shéi,

只要　有　需要，　都　可以　从　冰箱　里　拿走　任何
zhǐyào　yǒu　xūyào,　dōu　kěyǐ　cóng　bīngxiāng　li　názǒu　rènhé

东西。　人们　把　这样　的　冰箱　叫做　"爱心
dōngxi.　Rénmen　bǎ　zhèyàng　de　bīngxiāng　jiàozuò　"àixīn

冰箱"。
bīngxiāng".

＊1　成都市 Chéngdūshì：「成都市」。四川省の
　　省都。2022年末時点での常住人口は
　　2126.8万人。長い歴史を持ち、三国時代
　　の蜀の都としても知られる
＊2　冷饮 lěngyǐn：冷たい飲み物

这 家 餐馆 的 "爱心 冰箱" 最 开始*3 只是
Zhèi jiā cānguǎn de "àixīn bīngxiāng" zuì kāishǐ zhǐshì

一 张 小小 的 桌子。有 一 天, 天气 很 热,
yì zhāng xiǎoxiǎo de zhuōzi. Yǒu yì tiān, tiānqì hěn rè,

在 外面 走 几 步 就 会 出汗。一 个 经常 在
zài wàimiàn zǒu jǐ bù jiù huì chūhàn. Yí ge jīngcháng zài

餐馆 门口 打扫 街道 的 阿姨, 突然 晕倒在 地上。
cānguǎn ménkǒu dǎsǎo jiēdào de āyí, tūrán yūndǎozài dìshang.

餐馆 的 人 看到 后, 赶紧 把 她 扶*4进了 餐馆。
Cānguǎn de rén kàndào hòu, gǎnjǐn bǎ tā fújìnle cānguǎn.

阿姨 醒来 后, 告诉 餐馆 的 人 说, 因为 工作
Āyí xǐnglái hòu, gàosu cānguǎn de rén shuō, yīnwei gōngzuò

---

*3　最开始 zuì kāishǐ：一番最初
*4　扶 fú：支える

的 时候 不 方便， 所以 没有 带 水， 结果 就
de shíhou bù fāngbiàn, suǒyǐ méiyou dài shuǐ, jiéguǒ jiù

晕倒 了。
yūndǎo le.

第 二 天， 餐馆 的 人 在 门口 放了 一 张
Dì èr tiān, cānguǎn de rén zài ménkǒu fàngle yì zhāng

小 桌子。 桌子 上面 放着 几 瓶 水， 旁边
xiǎo zhuōzi. Zhuōzi shàngmiàn fàngzhe jǐ píng shuǐ, pángbiān

写着： 需要 的 人 请 自己 拿， 不用 客气。 就
xiězhe: Xūyào de rén qǐng zìjǐ ná, búyòng kèqi. Jiù

这样， "爱心 冰箱" 的 故事 开始 了。
zhèyàng, "àixīn bīngxiāng" de gùshi kāishǐ le.

渐渐 地， 来 拿 水 的 人 越 来 越 多， 大家
Jiànjiàn de, lái ná shuǐ de rén yuè lái yuè duō, dàjiā

都 非常 感谢 这 家 餐馆。 同时， 也 有 人
dōu fēicháng gǎnxiè zhèi jiā cānguǎn. Tóngshí, yě yǒu rén

悄悄 地 送 水 过来。 餐馆 的 人 经常 会
qiāoqiāo de sòng shuǐ guòlái. Cānguǎn de rén jīngcháng huì

发现， 桌子 上 的 水 突然 变多 了。 还 有 人
fāxiàn, zhuōzi shang de shuǐ tūrán biànduō le. Hái yǒu rén

知道 "爱心 冰箱" 的 故事 后， 没 办法 自己 过来
zhīdao "àixīn bīngxiāng" de gùshi hòu, méi bànfǎ zìjǐ guòlái

送 水， 就 给 餐馆 寄 钱。
sòng shuǐ, jiù gěi cānguǎn jì qián.

就 这样， "爱心 冰箱" 从 一 张 小小 的
Jiù zhèyàng, "àixīn bīngxiāng" cóng yì zhāng xiǎoxiǎo de

桌子 变成了 一 台 大大 的 冰箱。 冰箱 里 的
zhuōzi biànchéngle yì tái dàdà de bīngxiāng. Bīngxiāng li de

东西　也　越　来　越　多，越　来　越　丰富。很　多　来
dōngxi　yě　yuè　lái　yuè　duō,　yuè　lái　yuè　fēngfù. Hěn　duō　lái

餐馆　吃饭　的　客人　知道　这　件　事　后，也　加入了
cānguǎn　chīfàn　de　kèrén　zhīdao　zhèi　jiàn　shì　hòu,　yě　jiārùle

"爱心　队伍"，买了　各　种　东西　放进　冰箱。
"àixīn　duìwu",　mǎile　gè　zhǒng　dōngxi　fàngjìn　bīngxiāng.

　　在　小学　做　老师　的　杨　女士，就　是　这样
Zài　xiǎoxué　zuò　lǎoshī　de　Yáng　nǚshì,　jiù　shì　zhèyàng

加入　"爱心　队伍"　的。有　一　天，她　带着　女儿　来到
jiārù　"àixīn　duìwu"　de. Yǒu　yì　tiān,　tā　dàizhe　nǚ'ér　láidào

餐馆，买了　五十　多　瓶　水。杨　女士　和　女儿
cānguǎn,　mǎile　wǔshí　duō　píng　shuǐ. Yáng　nǚshì　hé　nǚ'ér

一起，把　水　一　瓶　一　瓶　地　放进了　"爱心
yìqǐ,　bǎ　shuǐ　yì　píng　yì　píng　de　fàngjìnle　"àixīn

冰箱"。这　是　她　的　教育　方法。她　这样　做，
bīngxiāng". Zhè　shì　tā　de　jiàoyù　fāngfǎ. Tā　zhèyàng　zuò,

正　是　为了　让　女儿　学会　帮助　有　困难　的　人。
zhèng　shì　wèile　ràng　nǚ'ér　xuéhuì　bāngzhù　yǒu　kùnnan　de　rén.

　　现在，除了　成都市，许多　城市　也　都　有了
Xiànzài,　chúle　Chéngdūshì,　xǔduō　chéngshì　yě　dōu　yǒule

自己　的　"爱心　冰箱"，"爱心　队伍"　不断　壮大*5。在
zìjǐ　de　"àixīn　bīngxiāng",　"àixīn　duìwu"　búduàn　zhuàngdà. Zài

一些　城市，还　出现了　"爱心　粥*6店"　和　"爱心
yìxiē　chéngshì,　hái　chūxiànle　"àixīn　zhōudiàn"　hé　"àixīn

书屋*7"，爱心　故事　仍在　继续。
shūwū",　àixīn　gùshi　réngzài　jìxù.

＊5　壮大　zhuàngdà：発展する、大きくなる
＊6　粥　zhōu：おかゆ
＊7　书屋　shūwū：「書斎」。よく書店の名前に
　　も使われる

日本語訳

　中国・成都市のとあるレストランの店先に、大きな冷蔵庫が1台置いてあります。冷蔵庫には、夏は冷たい飲み物、冬は麺類といった具合にいろいろなものが入っています。誰であれ、必要なら何でも冷蔵庫から持って行って構いません。こうした冷蔵庫は「思いやり冷蔵庫」と呼ばれています。

　このレストランの「思いやり冷蔵庫」の始まりは、ただの小さなテーブルでした。ある日、外をちょっと歩くだけで汗をかくほど厳しい暑さの中、いつもレストランの店先を掃除していたおばさんが急に倒れてしまったのです。レストランの人はそれを目にすると、すぐにおばさんを支えてレストランの中に運び入れました。意識を取り戻したおばさんは、仕事の邪魔になるので水を持ってきておらず、とうとう倒れてしまったとレストランの人に話しました。

　翌日、レストランの人は店先に小さなテーブルを置きました。テーブルには水の入った瓶が何本か置かれ、そばには「必要な方はお持ちください。ご遠慮はいりません」と書いてあります。こうして「思いやり冷蔵庫」の物語が始まったのです。

　次第に、水を取りに来る人は増えてゆき、みんなこのレストランをとてもありがたがりました。同時に、こっそりと水を届けてくれる人もいます。レストランの人は、テーブルの水が突然増えたと気づくことがたびたびありました。またある人は「思いやり冷蔵庫」のことを知って、自分で水を届けることはできないからと、レストランにお金を送ってきたのでした。

　こうして、「思いやり冷蔵庫」は小さなテーブルから大きな冷蔵庫になり、冷蔵庫の中の物も数が増え、種類が豊富になりました。食事に来る大勢のお客さんも、このことを知ると「思いやりの輪」に加わり、様々な物を買っては冷蔵庫に入れてくれました。

　小学校で先生をしている楊（よう）さんは、こうして「思いやりの輪」に加わった人です。ある日、彼女は娘を連れてレストランにやってきて、50本以上の水を買うと、娘と一緒にその水を1本1本「思いやりの冷蔵庫」に入れました。それは彼女の教育法でした。そのようにしたのは、困っている人への手助けを娘に学ばせるためだったのです。

　今、成都市以外にも多くの都市にそれぞれの「思いやり冷蔵庫」ができ、「思いやりの輪」は広がり続けています。一部の都市では、「思いやりおかゆ店」や「思いやり書店」も現れ、思いやりの物語は今なお続いているのです。

このストーリーのポイント

1台の小さなテーブルから始まった「思いやり冷蔵庫」は、姿を変え各地に広がっていきました。目の前の困った人を助けることが、やがて遠くの別の人を助けることにつながることもあるのです。

善良で勇敢な配達員

善良勇敢的快递员 *1

Shànliáng yǒnggǎn de kuàidìyuán

彭（ほう）さんはいつもどおりバイクにまたがり配達の仕事をしていた。大きな橋にさしかかったそのとき、彼は異様な光景を目にする。大勢の人が集まって橋の下のほうを見ているのだ。どうやらただ事ではなさそうだ……。

小彭	今年	三十一	岁，	是	一	名	快递员。
Xiǎo-Péng	jīnnián	sānshiyī	suì,	shì	yì	míng	kuàidìyuán.

6	月	13	日	下午	一	点，	小彭	像
Liù	yuè	shísān	rì	xiàwǔ	yì	diǎn,	Xiǎo-Péng	xiàng

平时	一样，	骑着	车	送	快递。	经过	一	座	大桥
píngshí	yíyàng,	qízhe	chē	sòng	kuàidì.	Jīngguò	yí	zuò	dàqiáo

的	时候，	他	突然	看到	前面	停着	好多	车，	还
de	shíhou,	tā	tūrán	kàndào	qiánmiàn	tíngzhe	hǎoduō	chē,	hái

有	许多	人	在	往	桥下	看。	小彭	心里	感到
yǒu	xǔduō	rén	zài	wǎng	qiáoxià	kàn.	Xiǎo-Péng	xīnli	gǎndào

很	奇怪，	想不出	这些	人	都	在	看	什么。	于是，
hěn	qíguài,	xiǎngbuchū	zhèxiē	rén	dōu	zài	kàn	shénme.	Yúshì,

---

*1　快递员 kuàidìyuán：「配達員」。"快递" は本来「速達」だが、近年は「宅配便」の意味で使われることが多い

他　也　忍不住　走过去　看了　一下。　原来　有　一　个
tā　yě　rěnbuzhù　zǒuguoqu　kànle　yíxià.　Yuánlái　yǒu　yí　ge

女人　掉进了　河里，　正在　不断　地　挣扎*2。
nǚrén　diàojìnle　héli,　zhèngzài　búduàn　de　zhēngzhá.

　　小彭　问了　问　周围　的　人。　他们　告诉　他，
　　Xiǎo-Péng　wènle　wèn　zhōuwéi　de　rén.　Tāmen　gàosu　tā,

掉进　水里　的　是　一　个　年轻　女孩儿，　是　她　自己
diàojìn　shuǐli　de　shì　yí　ge　niánqīng　nǚháir,　shì　tā　zìjǐ

跳下去　的。　小彭　听完，　立刻　脱下　上衣，　走到了
tiàoxiaqu　de.　Xiǎo-Péng　tīngwán,　lìkè　tuōxià　shàngyī,　zǒudàole

大桥边　上。　旁边　的　人　看到　后，　吃惊　地　问
dàqiáobiān　shang.　Pángbiān　de　rén　kàndào　hòu,　chījīng　de　wèn

＊2　挣扎 zhēngzhá：もがく、あがく

他： "你 要 做 什么?" 小彭 只 说了 两 个
tā: "Nǐ yào zuò shénme?" Xiǎo-Péng zhǐ shuōle liǎng ge

字： "救 人!"
zì: "Jiù rén!"

可是， 这 座 大桥 不 是 普通 的 桥， 距离
Kěshì, zhèi zuò dàqiáo bú shì pǔtōng de qiáo, jùlí

水面*3 大约 有 十五 米 高， 就 跟 五 层 楼
shuǐmiàn dàyuē yǒu shíwǔ mǐ gāo, jiù gēn wǔ céng lóu

一样。 即使 这样， 小彭 也 没有 退缩*4。 他 闭上
yíyàng. Jíshǐ zhèyàng, Xiǎo-Péng yě méiyou tuìsuō. Tā bìshàng

眼睛， 勇敢 地 跳了 下去。 小彭 游*5到 女孩儿
yǎnjing, yǒnggǎn de tiàole xiàqu. Xiǎo-Péng yóudào nǚhái

旁边， 先 抓住 她 的 手， 再 用 手 勾*6着 她
pángbiān, xiān zhuāzhù tā de shǒu, zài yòng shǒu gōuzhe tā

的 头， 带着 女孩儿 一起 游起来。 就 这样， 他
de tóu, dàizhe nǚhái yìqǐ yóuqilai. Jiù zhèyàng, tā

成功 地 救下了 女孩儿。
chénggōng de jiùxiàle nǚhái.

救 人 之后， 有 人 问 小彭： "你 为 什么
Jiù rén zhīhòu, yǒu rén wèn Xiǎo-Péng: "Nǐ wèi shénme

要 这样 做? 当时 不 害怕 吗?" 小彭 诚实 地
yào zhèyàng zuò? Dāngshí bú hàipà ma?" Xiǎo-Péng chéngshí de

回答： "其实 我 心里 也 很 害怕。 不过， 看到 有 人
huídá: "Qíshí wǒ xīnli yě hěn hàipà. Búguò, kàndào yǒu rén

掉进了 水里， 即使 害怕， 我 也 一定 会 跳下去 救 他。"
diàojìnle shuǐli, jíshǐ hàipà, wǒ yě yídìng huì tiàoxiàqu jiù tā."

和 小彭 一起 工作 的 同事， 都 表扬
Hé Xiǎo-Péng yìqǐ gōngzuò de tóngshì, dōu biǎoyáng

---

*3 水面 shuǐmiàn：水面
*4 退缩 tuìsuō：尻込みする
*5 游 yóu：泳ぐ
*6 勾 gōu：「引っ掛ける」。"勾"は腕などを
　　曲げてカギ型にすること

小彭　是　一　个　好　人。同事　说："小彭　工作
Xiǎo-Péng shì yí ge hǎo rén. Tóngshì shuō: "Xiǎo-Péng gōngzuò

特别　认真，平时　就　很　喜欢　帮助　别人。无论　是
tèbié rènzhēn, píngshí jiù hěn xǐhuan bāngzhù biérén. Wúlùn shì

谁，只要　有　困难，他　一定　会　主动　帮忙　解决
shéi, zhǐyào yǒu kùnnan, tā yídìng huì zhǔdòng bāngmáng jiějué

问题。有　一　次，一　个　同事　送　快递　的　时候，
wèntí. Yǒu yí cì, yí ge tóngshì sòng kuàidì de shíhou,

电瓶车*7　突然　没电　了。小彭　虽然　离得　很　远，
diànpíngchē tūrán méidiàn le. Xiǎo-Péng suīrán líde hěn yuǎn,

可是　他　知道　以后，立刻　就　过去　帮忙　了。"
kěshì tā zhīdao yǐhòu, lìkè jiù guòqù bāngmáng le."

　　小彭　因为　救了　女孩儿，拿到了　十五　万　元
Xiǎo-Péng yīnwei jiùle nǚháir, nádàole shíwǔ wàn yuán

的　奖励*8。他　想了　想，决定　把　这　笔　钱
de jiǎnglì. Tā xiǎngle xiǎng, juédìng bǎ zhèi bǐ qián

捐献*9给　家乡。尽管　他　自己　的　生活　也　不
juānxiàngěi jiāxiāng. Jǐnguǎn tā zìjǐ de shēnghuó yě bú

富裕*10，但　小彭　还是　决定　这样　做，因为　他
fùyù, dàn Xiǎo-Péng háishi juédìng zhèyàng zuò, yīnwei tā

希望　他　的　家乡　可以　变得　更　好。
xīwàng tā de jiāxiāng kěyǐ biànde gèng hǎo.

---

*7　电瓶车　diànpíngchē：「電動バイク」「電気自動車」「電動自転車」。"电瓶"「バッテリー」を積んで動く車を広く指す

*8　奖励　jiǎnglì：ボーナス

*9　捐献　juānxiàn：寄付する。「〜に寄付する」は"捐献给〜"と言う

*10　富裕　fùyù：裕福だ

日本語訳

　彭（ほう）さんは今年31歳の配達員です。

　6月13日の午後1時、彭さんはいつもどおりバイクで配達をしていました。大きな橋に通りかかったとき、前方にたくさんの車が停まっていて、大勢の人が橋の下を見下ろしているのが目に入りました。変だなと思いましたが、人々が何を見ているのかは見当がつきません。それでつい自分も近づいて見てみると、1人の女性が川に落ちて、しきりにもがいているところでした。

　彭さんは周りの人に尋ねてみました。なんでも川に落ちたのは若い娘さんで、自分から飛び降りたのだと言います。彭さんはそれを聞くと、すぐに上着を脱ぎ、橋のへりに行きました。居合わせた人はそれを見ると、驚いて「何をするんです？」と尋ねました。彭さんはただ一言「助けるんです！」と答えました。

　しかし、この橋はただの橋ではありません。水面からの高さは約15ｍ、つまり5階建てのビルほどもあるのです。それでも彭さんはためらわず、目をつぶり、勇ましく飛び降りました。娘さんのそばまで泳いでいくと、まず彼女の手を捕まえ、それから腕でその頭を引っ掛け、彼女を連れて泳ぎ始めました。こうして首尾よく娘さんを助けたのです。

　その後、ある人が彭さんに「どうしてそうしようと思ったんですか？　怖くありませんでしたか？」と尋ねました。彭さんは「実は僕も怖かったんですよ。でも水に落ちた人を見てしまったら、怖くても飛び込んで助けなきゃね」とまじめに答えたのでした。

　彭さんと同じ職場で働く同僚は、誰もが彭さんをいい人だと褒めます。ある同僚は「彭さんは仕事ぶりがとてもまじめで、ふだんから人助けが好きなんですよ。誰であれ、困っている人を見ると、進んで問題解決に手を貸します。あるとき、1人の同僚が配達をしていたとき、電動バイクがいきなり充電切れになってしまいました。彭さんは遠くにいたのに、それを知るとすぐ手伝いに駆けつけたんです」と話します。

　娘さんを助けたことで、彭さんは15万元のボーナスをもらいました。彼は少し考えて、それを故郷に寄付することにしました。自分の生活も豊かではないのに、彭さんがそうすることに決めたのは、故郷をもっとよくしたいと思ったからなのです。

このストーリーのポイント

自身の危険を顧みず人助けを行い、さらにはボーナスも故郷に寄付するといった、彭さんの勇敢で思いやりにあふれた人柄が描かれています。目先の損得にとらわれず果敢に行動することはなかなかできるものではありません。彭さんの行動は多くの人の記憶にずっと残ることでしょう。

髪を伸ばす男の子

留^{*1}长头发的小男孩儿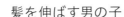

Liú   cháng   tóufa   de   xiǎo   nánháir

まるで女の子のように髪を伸ばした男の子。今年で5歳になる小さなヒーローには、どうしても髪を伸ばさなければならない理由があった……。

"我　有　长长　的　头发，我　是　一　个　小
"Wǒ　yǒu　chángcháng　de　tóufa,　wǒ　shì　yí　ge　xiǎo

男孩儿，我　要　把　头发　捐^{*2}给　得　癌症^{*3}的　小朋友。"
nánháir,　wǒ　yào　bǎ　tóufa　juāngěi　dé　áizhèng　de　xiǎopéngyou."

武　光年　今年　五　岁　了，正在　上　幼儿园，
Wǔ　Guāngnián　jīnnián　wǔ　suì　le,　zhèngzài　shàng　yòu'éryuán,

上面　这　句　话　就是　他　说　的。
shàngmiàn　zhèi　jù　huà　jiùshì　tā　shuō　de.

光年　两　岁　时，看到　电视　里　说　一些
Guāngnián　liǎng　suì　shí,　kàndào　diànshì　li　shuō　yìxiē

小朋友　因为　得　癌症　而　没有了　头发，他　非常
xiǎopéngyou　yīnwei　dé　áizhèng　ér　méiyǒule　tóufa,　tā　fēicháng

＊1　留　liú：（髪やひげを）生やす、伸ばす
＊2　捐　juān：「寄付する」。お金を寄付する、あるいは寄付金のことは"捐款juānkuǎn"と言う
＊3　癌症　áizhèng：がん、悪性腫瘍

同情　　他们。　小　　光年　　对　妈妈　说："我　要　把
tóngqíng　tāmen.　Xiǎo　Guāngnián　duì　māma　shuō:　"Wǒ　yào　bǎ

我　的　头发　送给　他们。"　可是，　妈妈　告诉　他："你
wǒ　de　tóufa　sònggěi　tāmen."　Kěshì,　māma　gàosu　tā:　"Nǐ

的　头发　太　短，　没　办法　送给　这些　小朋友。"　小
de　tóufa　tài　duǎn,　méi　bànfǎ　sònggěi　zhèxiē　xiǎopéngyou."　Xiǎo

光年　　想了　　想，　又　对　妈妈　说："没　关系，　我
Guāngnián　xiǎngle　xiǎng,　yòu　duì　māma　shuō:　"Méi　guānxi,　wǒ

可以　留　长　头发。"
kěyǐ　liú　cháng　tóufa."

　　从　那　以后，　小　光年　真　的　留起了　长
　　Cóng　nà　yǐhòu,　xiǎo　Guāngnián　zhēn　de　liúqǐle　cháng

头发。家里人都很吃惊，他们本来以为小
tóufa. Jiāli rén dōu hěn chījīng, tāmen běnlái yǐwéi xiǎo

光年还不到三岁，只是在开玩笑。不过，
Guāngnián hái bú dào sān suì, zhǐshì zài kāi wánxiào. Búguò,

捐头发必须留到三十厘米以上，家里人担心
juān tóufa bìxū liúdào sānshí límǐ yǐshàng, jiāli rén dānxīn

小光年可能坚持不了。但令人[*4]意外的
xiǎo Guāngnián kěnéng jiānchíbuliǎo. Dàn lìng rén yìwài de

是，小光年竟然一直没有放弃[*5]。
shì, xiǎo Guāngnián jìngrán yìzhí méiyou fàngqì.

因为头发比其他男孩子长，小光年
Yīnwei tóufa bǐ qítā nánháizi cháng, xiǎo Guāngnián

经常被人以为是女孩子。第一天去
jīngcháng bèi rén yǐwéi shì nǚháizi. Dì yī tiān qù

幼儿园，其他小朋友也说他是女孩子。小
yòu'éryuán, qítā xiǎopéngyou yě shuō tā shì nǚháizi. Xiǎo

光年大叫："我是男孩子!"可是小朋友们
Guāngnián dà jiào: "Wǒ shì nánháizi!" Kěshì xiǎopéngyoumen

都不相信，说："留长头发的就是女孩子。"
dōu bù xiāngxìn, shuō: "Liú cháng tóufa de jiù shì nǚháizi."

为了这件事，小光年难过得哭了。回到
Wèile zhèi jiàn shì, xiǎo Guāngnián nánguòde kū le. Huídào

家，爸爸鼓励他："你是男孩子。男孩子即使被人
jiā, bàba gǔlì tā: "Nǐ shì nánháizi. Nánháizi jíshǐ bèi rén

嘲笑[*6]也不怕。"
cháoxiào yě bú pà."

好几次，小光年的妈妈看到他这么
Hǎojǐ cì, xiǎo Guāngnián de māma kàndào tā zhème

---

*4　令人～ lìng rén~：「人を～させる」「～さ
せられる」。「令」は使役を表す書き言葉。
日本語は使役文とあまり相性がよくない
ので、"令人意外的是"「人を意外だと思
わせたのは」→「意外だったのは」のよう
に訳すと自然。

*5　放弃 fàngqì：放棄する、諦める
*6　嘲笑 cháoxiào：あざ笑う、あざける

难过， 劝 他 把 头发 剪掉。 可是 不管 妈妈 怎么
nánguò, quàn tā bǎ tóufa jiǎndiào. Kěshì bùguǎn māma zěnme

说， 小 光年 就是 不 愿意。 他 坚持 要 把
shuō, xiǎo Guāngnián jiùshì bú yuànyì. Tā jiānchí yào bǎ

头发 留下去。
tóufa liúxiaqu.

后来， 小 光年 的 老师 知道了 他 留 长
Hòulái, xiǎo Guāngnián de lǎoshī zhīdaole tā liú cháng

头发 的 原因， 非常 感动。 老师 把 这 件 事
tóufa de yuányīn, fēicháng gǎndòng. Lǎoshī bǎ zhèi jiàn shì

告诉了 其他 小朋友。 小朋友们 听完 老师 的 话，
gàosule qítā xiǎopéngyou. Xiǎopéngyoumen tīngwán lǎoshī de huà,

都 主动 跟 小 光年 说 对不起。 他们 还
dōu zhǔdòng gēn xiǎo Guāngnián shuō duìbuqǐ. Tāmen hái

抱住了 小 光年， 说："你 真 棒! 你 是 一 个
bàozhùle xiǎo Guāngnián, shuō: "Nǐ zhēn bàng! Nǐ shì yí ge

小 英雄。"
xiǎo yīngxióng."

在 坚持了 三 年 之后， 小 光年 的 头发
Zài jiānchíle sān nián zhīhòu, xiǎo Guāngnián de tóufa

终于 超过了 三十 厘米， 他 很 快 就 可以 去 捐
zhōngyú chāoguòle sānshí límǐ, tā hěn kuài jiù kěyǐ qù juān

头发 了。 小 光年 非常 开心， 他 坚持到了 最后。
tóufa le. Xiǎo Guāngnián fēicháng kāixīn, tā jiānchídàole zuìhòu.

小 光年 自豪*7 地 说："我 最 喜欢 的 玩具 是
Xiǎo Guāngnián zìháo de shuō: "Wǒ zuì xǐhuan de wánjù shì

奥特曼*8， 因为 奥特曼 可以 保护 别人。"
Àotèmàn, yīnwei Àotèmàn kěyǐ bǎohù biérén."

＊7　自豪 zìháo：誇りに思う
＊8　奥特曼 àotèmàn：ウルトラマン

日本語訳

「僕は髪を長く伸ばしていますが男の子です。癌になった子に髪を寄付したいんです」

武光年（ぶこうねん）くんは今年5歳、幼稚園に通っています。先の言葉は彼が語ったものです。

光年くんは2歳のときに、癌で髪を失った子供たちの話をテレビで見て、とても気の毒に思いました。光年くんはお母さんに「僕の髪をあの子たちにあげたい」と言いました。でも、「あなたの髪は短すぎるから、あの子たちにあげるのは無理よ」とお母さん。光年くんはちょっと考えて、また言いました。「いいよ、髪を伸ばすから」

それからというもの、光年くんは本当に髪を伸ばし始めました。家族はびっくり。光年くんはまだ3歳にもなっておらず、ただ冗談を言っているのだと思ったのです。けれども、ドネーションする髪は30センチ以上も伸ばさなければなりません。家族は光年くんがくじけてしまうのではないかと心配でした。ところが思いがけないことに、光年くんはずっと諦めなかったのです。

髪が他の男の子より長いため、光年くんはよく女の子に間違われます。幼稚園に行った最初の日、他の子供たちは彼を女の子だと言いました。光年くんは大声で「僕は男だよ！」と言いましたが、子供たちは信じません。「髪を伸ばしてるのは女の子だ」と言うのです。そのことで光年くんは辛くて泣いてしまいました。家に帰ると、お父さんが「お前は男の子だよ。男の子は人からばかにされても平気なんだ」と励ましてくれました。

何度も、光年くんが辛そうにしているのを見たお母さんは、髪を切るように言いました。でもお母さんがなんと言おうと、光年くんはうんと言わず、髪を伸ばし続けました。

やがて光年くんの先生が、彼が髪を伸ばす理由を知ってとても感銘を受け、このことを他の子供たちに話しました。先生の話を聞いて、子供たちは進んで光年くんに謝ったのです。そして光年くんをハグして言いました。「すごいよ！　君はヒーローだ」

3年頑張って、光年くんの髪はとうとう30センチを超えました。彼はもうすぐヘアドネーションしに行けます。光年くんはご機嫌です。最後まで頑張ったのですから。光年くんは誇らしげに言います。「一番好きなおもちゃはウルトラマンなんだ。ウルトラマンは他の人を守れるからね」

光年くんは、誰に何と言われようと辛抱強く髪を伸ばし続けました。なんと2歳で決意してからその意志はゆるぎませんでした。そんな姿は、他人の目を気にせず自分の目標を貫くことの素晴らしさを改めて感じさせてくれます。

敬礼坊や

敬礼 *1 娃娃 *2 （Track 007）
Jìnglǐ   wáwa

ある日、郎錚（ろうそう）くんはいつものように幼稚園で昼寝の時間を過ごしていた。すると突然辺りが激しく揺れ始め、何もかもがあちこちに飛び散り、園内は騒然となった……。

2008	年	5	月	12	日，	再	过	一	天，
Èrlínglíngbā	nián	wǔ	yuè	shí'èr	rì,	zài	guò	yì	tiān,

郎　铮 *3　就要　三　岁　了。他　早早　地　吃完　早饭，
Láng　Zhēng　jiùyào　sān　suì　le. Tā　zǎozǎo　de　chīwán　zǎofàn,

带着　喜欢　的　汽车　玩具，跟着　父母　去了　幼儿园。
dàizhe　xǐhuan　de　qìchē　wánjù,　gēnzhe　fùmǔ　qùle　yòu'éryuán.

下午　两　点　二十八　分，小　郎　铮　正　在
Xiàwǔ　liǎng　diǎn　èrshíbā　fēn,　xiǎo　Láng　Zhēng　zhèng　zài

幼儿园　里　睡　午觉 *4。突然，地板　剧烈 *5　地
yòu'éryuán　li　shuì　wǔjiào.　Tūrán,　dìbǎn　jùliè　de

摇晃 *6　起来。小　郎　铮　看到　幼儿园　里　的　玩具
yáohuàngqilai.　Xiǎo　Láng　Zhēng　kàndào　yòu'éryuán　li　de　wánjù

＊1　敬礼 jìnglǐ：敬礼する
＊2　娃娃 wáwa：小さな子供
＊3　郎铮 Láng Zhēng：郎錚（ろうそう）
＊4　睡午觉 shuì wǔjiào：昼寝をする
＊5　剧烈 jùliè：激しい
＊6　摇晃 yáohuàng：揺れ動く

都　掉在了　　地上，　桌子　和　椅子　也　倒了　　下来。　他
dōu　diàozàile　dìshang,　zhuōzi　hé　yǐzi　yě　dǎole　xiàlai.　Tā

害怕极　了，不　知道　发生了　什么。
hàipàjí　le,　bù　zhīdào　fāshēngle　shénme.

　　接着，小　郎　铮　感到　有　一　个　很　重
　　Jiēzhe,　xiǎo　Láng　Zhēng　gǎndào　yǒu　yí　ge　hěn　zhòng

很　重　的　东西　压*7在了　他　的　身体　上。他　试着
hěn　zhòng　de　dōngxi　yāzàile　tā　de　shēntǐ　shang.　Tā　shìzhe

动了　一下，可是　完全　动不了。小　郎　铮　很
dòngle　yíxià,　kěshì　wánquán　dòngbuliǎo.　Xiǎo　Láng　zhēng　hěn

想　大　叫，却　叫不出来。周围　一　片　黑暗，什么
xiǎng　dà　jiào,　què　jiàobuchūlai.　Zhōuwéi　yí　piàn　hēi'àn,　shénme

---

*7　压　yā：（上から）押さえつける、のしか
　　かる

也 看不见。 小 郎 铮 忍不住 哭起来。
yě kànbujiàn. Xiǎo Láng Zhēng rěnbuzhù kūqilai.

那 一 天, 中国 四川省*8 汶川*9 地区 发生了
Nà yì tiān, Zhōngguó Sìchuānshěng Wènchuān dìqū fāshēngle

一 场 大 地震, 小 郎 铮 被 压在了
yì cháng dà dìzhèn, xiǎo Láng Zhēng bèi yāzàile

废墟*10 下。 地震 发生 后, 许多 人 赶*11来 救 人,
fèixū xia. Dìzhèn fāshēng hòu, xǔduō rén gǎnlái jiù rén,

杨 记者 也 在 废墟 上 忙着 拍照。 突然, 他
Yáng jìzhě yě zài fèixū shang mángzhe pāizhào. Tūrán, tā

好像 听到 有 孩子 在 哭, 声音 很 轻 很 轻。
hǎoxiàng tīngdào yǒu háizi zài kū, shēngyīn hěn qīng hěn qīng.

他 认真 地 听了 一会儿, 打开 手电筒*12 找起来。
Tā rènzhēn de tīngle yíhuìr, dǎkāi shǒudiàntǒng zhǎoqilai.

终于, 杨 记者 找到了 小 郎 铮, 他 赶紧
Zhōngyú, Yáng jìzhě zhǎodàole xiǎo Láng Zhēng, tā gǎnjǐn

找 人 来 救 孩子。 经过 两 个 小时 的 努力,
zhǎo rén lái jiù háizi. Jīngguò liǎng ge xiǎoshí de nǔlì,

人们 终于 从 废墟 里 救出了 小 郎 铮。 而
rénmen zhōngyú cóng fèixū li jiùchūle xiǎo Láng Zhēng. Ér

这个 时候, 不 到 三 岁 的 小 郎 铮 已经 被
zhèige shíhou, bú dào sān suì de xiǎo Láng Zhēng yǐjīng bèi

压了 二十 个 小时。 为了 向 救 他 的 人 表示
yāle èrshí ge xiǎoshí. Wèile xiàng jiù tā de rén biǎoshì

感谢, 小 郎 铮 竟然 举起 右手, 敬了 一 个
gǎnxiè, xiǎo Láng Zhēng jìngrán jǔqǐ yòushǒu, jìngle yí ge

礼。 杨 记者 给 他 拍了 一 张 照片。 因为 这
lǐ. Yáng jìzhě gěi tā pāile yì zhāng zhàopiàn. Yīnwei zhèi

---

*8 四川省 Sìchuānshěng：「四川省」。省都は
成都市、2022年末時点での常住人口は
8374万人。長江の上流にあり、古くから
文明が発達した。九寨溝、都江堰などの
名所、パンダやキンシコウなどの希少生
物でも有名。

*9 汶川 Wènchuān：「汶川県」。四川省アバ
チベット族チャン族自治州にある県で、
自然・観光資源に恵まれている。2008
年の汶川大地震はマグニチュード8、死
者・行方不明者は約9万人にも上った。

*10 废墟 fèixū：廃虚

张　　　照片，　小　郎　铮　一下子　出了　　名 *13，　人们
zhāng　zhàopiàn,　xiǎo　Láng　Zhēng　yíxiàzi　chūle　míng,　rénmen

都　亲切　地　叫　他　"敬礼　娃娃"。
dōu　qīnqiè　de　jiào　tā　"jìnglǐ　wáwa".

　　　七　年　后，　小　郎　铮　　长大　了，可是　救　他
　　　Qī　nián　hòu,　xiǎo　Láng　Zhēng　zhǎngdà　le,　kěshì　jiù　tā

的　杨　记者　却　生了　病，　病得　很　重。　郎　　铮
de　Yáng　jìzhě　què　shēngle　bìng,　bìngde　hěn　zhòng.　Láng　Zhēng

一　有　时间，　就　去　医院　看望 *14　杨　记者，　他
yì　yǒu　shíjiān,　jiù　qù　yīyuàn　kànwàng　Yáng　jìzhě,　tā

从来　没有　忘记　是　杨　记者　救了　他　的　命。
cónglái　méiyou　wàngjì　shì　Yáng　jìzhě　jiùle　tā　de　mìng.

然而，　杨　记者　的　病　一　天　比　一　天　重。
Rán'ér,　Yáng　jìzhě　de　bìng　yì　tiān　bǐ　yì　tiān　zhòng.

终于　有　一　天，　他　永远　地　闭上了　眼睛。　郎
Zhōngyú　yǒu　yì　tiān,　tā　yǒngyuǎn　de　bìshàngle　yǎnjing.　Láng

铮　特别　伤心，　他　跪 *15 在　杨　记者　的　床边，
Zhēng　tèbié　shāngxīn,　tā　guìzài　Yáng　jìzhě　de　chuángbiān,

跟　他　的　救命　恩人 *16　说　再见。
gēn　tā　de　jiùmìng　ēnrén　shuō　zàijiàn.

　　　那　之后，　又　过了　八　年，　郎　铮　十八　岁　了，
　　　Nà　zhīhòu,　yòu　guòle　bā　nián,　Láng　Zhēng　shíbā　suì　le,

参加了　高考 *17。　他　一直　都　在　努力　学习，　希望
cānjiāle　gāokǎo.　Tā　yìzhí　dōu　zài　nǔlì　xuéxí,　xīwàng

考进　一　所　好　大学，　将来　可以　回报 *18　社会。　高考
kǎojin　yì　suǒ　hǎo　dàxué,　jiānglái　kěyǐ　huíbào　shèhuì.　Gāokǎo

成绩　出来　后，　郎　铮　得了　637　　分，　考进了
chéngjì　chūlái　hòu,　Láng　Zhēng　déle　liùbǎisānshiqī　fēn,　kǎojinle

---

＊11　赶　gǎn：急ぐ

＊12　手电筒　shǒudiàntǒng：懐中電灯

＊13　出名　chūmíng：有名になる、名が知られる

＊14　看望　kànwàng：見舞う、訪問する

＊15　跪　guì：ひざまずく

＊16　恩人　ēnrén：恩人

＊17　高考　gāokǎo：「大学入試」。"普通高等学校招生全国统一考试"の略。毎年6月、全国一斉に行われる。試験問題には種類があり、受験地によって適用される問題が異なる。現在多くの地域で満点は750点。

＊18　回报　huíbào：（恩に）報いる

著名　的　北京　大学。　他　相信　如果　杨　记者　知道
zhùmíng　de　Běijīng　Dàxué.　Tā　xiāngxìn　rúguǒ　Yáng　jìzhě　zhīdao
了，　也　一定　会　为　他　感到　高兴。
le,　yě　yídìng　huì　wèi　tā　gǎndào　gāoxìng.

日本語訳

　2008年5月12日、郎錚（ろうそう）くんはあと1日で3歳になります。彼は早々と朝ごはんを食べ終わり、お気に入りの車のおもちゃを持ち、両親に連れられて幼稚園に行きました。

　午後2時28分、郎錚くんは幼稚園で昼寝をしているところでした。突然、床板が激しく揺れ出しました。郎錚くんは幼稚園のおもちゃが全部床に落ち、テーブルや椅子も倒れてくるのを目にしました。怖くてたまらず、何が起こったのか分かりません。

　それから、郎錚くんは身体の上に何かひどく重いものがのしかかるのを感じました。身動きしようとしましたが、まったく動きがとれません。大声で叫ぼうとしましたが、声が出ません。辺りは一面真っ暗で、何も見えません。郎錚くんはこらえきれず泣き出しました。

　その日、中国の四川省汶川地区で大地震が発生し、郎錚くんは崩れた建物の下敷きになったのです。地震発生後、たくさんの人が救助にかけつけ、楊（よう）記者もがれきの上で慌ただしく写真を撮っているところでした。ふいに彼は子供が泣いているのが聞こえた気がしました。か細い声です。彼は必死に耳を澄ませ、懐中電灯をともして探し始めました。

　とうとう楊記者は郎錚くんを見つけ、急いで人を呼んでくると助けにかかりました。2時間の奮闘の末、ついに郎錚くんは廃虚から助け出されたのです。そしてこのとき、3歳足らずの郎錚くんは、下敷きになってからすでに20時間がたっていました。助けてくれた人に感謝を表すため、郎錚くんはなんと右手を挙げて敬礼をしたのです。楊記者は彼の写真を撮りました。この写真で郎錚くんは一躍有名になり、人々は親しみを込めて彼を「敬礼坊や」と呼びました。

　7年後、郎錚くんは大きくなりましたが、彼を助けてくれた楊記者は病気にかかって深刻な状態でした。郎錚くんは時間さえあれば病院に楊記者のお見舞いに行きました。楊記者が命を助けてくれたことを忘れた日はありません。しかし楊記者の病状は日に日に悪くなっていき、とうとうある日、永遠に目を閉じたのでした。郎錚くんは深く悲しみ、楊記者のベッドの傍らにひざまずいて、命の恩人に別れを告げました。

　それからまた8年が過ぎました。郎錚くんは18歳になり、大学入試を受けました。彼はずっと勉強に励み、将来は社会に恩返しできるように、いい大学に入りたいと思っていたのです。

大学受験の成績が出て、郎錚くんは637点で有名な北京大学に入学しました。楊記者がこのことを知ったら、やはりきっととても喜んでくれると郎錚くんは信じています。

このストーリーのポイント

わずか3歳にして命の恩人に感謝の意を表し、何年経とうと楊記者から受けた恩を忘れない郎錚くんの姿が描かれています。今の自分があるのは人の支えのおかげだという謙虚さが、敬礼にすでに表れていました。

長城のカメラマン

长城摄影师[1] Track 008

Chángchéng shèyǐngshī

中国に、万里の長城を撮り続けてきた男性がいる。撮影を続ける中で、人生をかけたいと思える大切なことが見つかったらしい……。

杨	东	出生在	中国	辽宁[2],	是	一	名
Yáng	Dōng	chūshēngzài	Zhōngguó	Liáoníng,	shì	yì	míng

摄影师。 从 2015 年 起[3], 他 开始 给 长城
shèyǐngshī. Cóng èrlíngyīwǔ nián qǐ, tā kāishǐ gěi Chángchéng

拍 照片, 到 现在 已经 拍了 八 年。 从 东北
pāi zhàopiàn, dào xiànzài yǐjing pāile bā nián Cóng Dōngběi

到 新疆[4], 他 几乎 走遍了 整个 长城。 杨
dào Xīnjiāng, tā jīhū zǒubiànle zhěnggè Chángchéng. Yáng

东 在 长城 上 的 150 多 个 地方,
Dōng zài Chángchéng shang de yìbǎiwǔshí duō ge dìfang,

拍下了 五十 多 万 张 照片, 走过 的 路 加在
pāixiàle wǔshí duō wàn zhāng zhàopiàn, zǒuguo de lù jiāzài

---

* 1 摄影师 shèyǐngshī：「カメラマン」「フォトグラファー」。写真を撮る人を指す。同じ「カメラマン」でもビデオを撮るのは"摄像师 shèxiàngshi"と言う
* 2 辽宁 Liáoníng：「遼寧省」。省都は瀋陽市。鉄鉱石や石油などの鉱物資源が豊富で、
重工業都市が集中している。2022年末時点の常住人口は4197万人
* 3 从～起 cóng-qǐ：「～から」。"从～"だけでも「～から」の意味だが、書き言葉ではよくこの組み合わせで使われる
* 4 新疆 Xīnjiāng：「新疆ウイグル自治区」。

一起　大约　有　十五　万　公里。
yìqǐ　dàyuē　yǒu　shíwǔ　wàn　gōnglǐ.

　　杨　　东　　说：　"给　　长城　　拍　　照片，　多数
　　Yáng　Dōng　shuō:　"Gěi　Chángchéng　pāi　zhàopiàn,　duōshù

时间　都　在　等待，　等待　最　好　的　时机。　长城
shíjiān　dōu　zài　děngdài,　děngdài　zuì　hǎo　de　shíjī.　Chángchéng

上　最　美　的　季节　是　春天，　因为　花　都　开　了，
shang　zuì　měi　de　jìjié　shì　chūntiān,　yīnwei　huā　dōu　kāi　le,

特别　漂亮。　可是　如果　刮起　大风，　只要　一　个
tèbié　piàoliang.　Kěshì　rúguǒ　guāqǐ　dàfēng,　zhǐyào　yí　ge

晚上，　花　就　会　被　刮掉。　那样　的话，　就　只　能
wǎnshang,　huā　jiù　huì　bèi　guādiào.　Nàyàng　dehuà,　jiù　zhǐ　néng

5つある少数民族自治区の1つで、漢族・
ウイグル族・カザフ族・回族・キルギス族
など13の民族が住む。区都はウルムチ市。
2022年末時点の常住人口は2587万人

再 等 一 年 才 能 拍到。”
zài děng yì nián cái néng pāidào.”

杨 东 还 说：“夏天 可以 拍 云海*5，特别
Yáng Dōng hái shuō: "Xiàtiān kěyǐ pāi yúnhǎi, tèbié

壮观*6。 但是 云海 非常 难 拍， 往往 要 去
zhuàngguān. Dànshì yúnhǎi fēicháng nán pāi, wǎngwǎng yào qù

好多 次 才 能 拍到。 我 总是 在 下雨 之后 去，
hǎoduō cì cái néng pāidào. Wǒ zǒngshì zài xiàyǔ zhīhòu qù,

要 去 二十、 甚至*7 三十 次。”
yào qù èrshí, shènzhì sānshí cì."

杨 东 拍了 这么 多 照片， 其中 有 一
Yáng Dōng pāile zhème duō zhàopiàn, qízhōng yǒu yì

张 他 最 喜欢。 他 给 这 张 照片 取了 一 个
zhāng tā zuì xǐhuan. Tā gěi zhèi zhāng zhàopiàn qǔle yí ge

题目， 叫 《大国 战号*8》。 那 天， 他 一 个 人 在
tímù, jiào 《Dàguó zhànhào》. Nà tiān, tā yí ge rén zài

长城 上 走了 很 久， 一直 没 能 找到 满意
Chángchéng shang zǒule hěn jiǔ, yìzhí méi néng zhǎodào mǎnyì

的 拍摄*9 地点。 于是， 他 坐在 一 块 大 石头 上，
de pāishè dìdiǎn. Yúshì, tā zuòzài yí kuài dà shítou shang,

决定 休息 一下。 就 在 这 时， 他 看见 许多 许多
juédìng xiūxi yíxià. Jiù zài zhè shí, tā kànjiàn xǔduō xǔduō

的 云 不断 地 从 山里 升*10起来。 杨 东 感觉
de yún búduàn de cóng shānli shēngqilai. Yáng Dōng gǎnjué

特别 激动， 赶紧 找了 一 个 地方， 拍下了 长城
tèbié jīdòng, gǎnjǐn zhǎole yí ge dìfang, pāixiàle Chángchéng

上 的 烽火台*11 和 那些 云。 在 他 的 照片 里，
shang de fēnghuǒtái hé nèixiē yún. Zài tā de zhàopiàn li,

---

*5 云海 yúnhǎi：雲海

*6 壮观 zhuàngguān：(眺めが) 壮観だ、雄大だ

*7 甚至～ shènzhì~：「～さえ」「～すら」。極端な事例を挙げて「甚だしい場合は～でさえある」という表現

*8 战号 zhànhào：戦場で使われるラッパ

*9 拍摄 pāishè：撮影する

*10 升 shēng：昇る

*11 烽火台 fēnghuǒtái：のろし台

云 从 烽火台 上 升起, 看上去 就 像 烟
yún cóng fēnghuǒtái shang shēngqǐ, kànshangqu jiù xiàng yān

一样。 看着 这 张 照片, 人们 感觉 好像
yíyàng. Kànzhe zhèi zhāng zhàopiàn, rénmen gǎnjué hǎoxiàng

回到了 过去, 正 站在 古老 的 战场*12 上。
huídàole guòqù, zhèng zhànzài gǔlǎo de zhànchǎng shang.

　　经过 这么 多 年 的 拍摄, 杨 东 感到
　　Jīngguò zhème duō nián de pāishè, Yáng Dōng gǎndào

长城 上 的 生态*13 环境 一 年 比 一 年
Chángchéng shang de shēngtài huánjìng yì nián bǐ yì nián

好。 这里 的 花 越 开 越 多, 越 开 越 美。
hǎo. Zhèli de huā yuè kāi yuè duō, yuè kāi yuè měi.

而且, 他 拍摄 时 还 遇见了 许多 可爱 的 小
Érqiě, tā pāishè shí hái yùjiànle xǔduō kě'ài de xiǎo

动物, 有 兔子, 还 有 松鼠*14。
dòngwù, yǒu tùzi, hái yǒu sōngshǔ.

　　有 人 问 杨 东:"拍 长城 拍了 这么 多
　　Yǒu rén wèn Yáng Dōng: "Pāi Chángchéng pāile zhème duō

年, 会 不 会 拍腻 了? 将来 是 不 是 打算 拍
nián, huì bu huì pāinì le? Jiānglái shì bu shì dǎsuan pāi

一些 其他 的 东西?" 杨 东 却 说: "长城
yìxiē qítā de dōngxi?" Yáng Dōng què shuō: "Chángchéng

永远 都 拍不腻, 我 打算 拍 长城 拍 一辈子。
yǒngyuǎn dōu pāibunì, wǒ dǎsuan pāi Chángchéng pāi yíbèizi.

如果 人 能够 找到 一 件 事 做 一辈子, 是 一
Rúguǒ rén nénggòu zhǎodào yí jiàn shì zuò yíbèizi, shì yì

种 幸福。"
zhǒng xìngfú."

＊12 战场 zhànchǎng：戦場
＊13 生态 shēngtài：生態、エコロジー
＊14 松鼠 sōngshǔ：リス

日本語訳

　楊東（ようとう）さんは中国の遼寧省生まれのカメラマンです。2015年から彼は万里の長城の写真を撮り始め、今年で8年になります。東北地方から新疆ウイグル自治区まで、彼は長城全体をほぼ踏破しました。楊東さんは長城の150カ所余りで五十数万枚の写真を撮り、移動距離は合わせるとおよそ15万キロメートルにもなります。

　「長城の写真を撮るのに、多くの時間はひたすら待ち続けるんです。最高の瞬間を待ちます。長城の一番美しい季節は春、花がいっぱいに咲いてきれいですからね。でも強風が吹いてくると、たった一晩で花が吹き散らされてしまうんです。そうなると、また1年待たなければ撮ることはできません」と楊東さんは言います。

　楊東さんはまた、「夏は雲海の写真が撮れます。とても雄大ですよ。ですが雲海は撮るのが難しくて、何度も通ってようやく撮れることが多いんです。私はいつも雨が上がった後に行きます。20回、ときには30回も行かなきゃいけません」とも話します。

　これほど多く撮った中で、特にお気に入りの1枚があります。彼はその写真に「大国の戦場ラッパ」というタイトルをつけました。その日、彼は1人で長城の上を長いこと歩いたのに、ここぞという撮影地点が見つかりませんでした。そこで大きな石に座って一休みすることにしました。そのとき、おびただしい雲がひっきりなしに山から湧き上がってくるのが目に入ったのです。楊東さんは心を躍らせ、すぐに場所を探して長城ののろし台とその雲を撮影しました。彼の写真では、雲がのろし台から立ち上っていて、まるで煙のようです。この写真を見ると、人々はあたかも昔に戻って、古代の戦場に立っているかのように感じるのです。

　長年の撮影を経て、楊東さんは長城の生態環境が年ごとによくなっているのを感じます。そこの花はますます増え、美しくなっているのです。そして、撮影のときにはたくさんの可愛い小動物にも出会います。ウサギもいれば、リスもいます。

　ある人が楊東さんに「そんなに長いこと長城の写真を撮って、飽きないのですか？　将来、他のものを撮るご予定は？」と尋ねましたが、楊東さんは言いました。「長城は決して撮り飽きることがありません。私は一生長城を撮り続けますよ。一生やり続けることが見つかったら、それは幸せというものです」

このストーリーのポイント

最高の瞬間を撮るには、長い時間、多くの準備が必要だという楊東さん。常に困難があっても
辞めずに続けたいと思えることに出会えたのは、幸せなことだと言えそうです。

中国を感動させた日本人「砂漠の父」

感动中国的日本"沙漠之父"

Gǎndòng Zhōngguó de Rìběn "shāmò zhī fù"

大学卒業後、砂漠化が進む中国のとある小さな村を訪れた遠山さん。彼はそこでの体験に衝撃を受け、ある決意をする……。

远山　　　正瑛[1]，　　1906　　年　　出生在　　日本
Yuǎnshān　Zhèngyīng,　yījiǔlíngliù　nián　chūshēngzài　Rìběn

山梨县　富士吉田市。他　大学　时　学习　农业，毕业　后
Shānlíxiàn　Fùshìjítiánshì. Tā　dàxué　shí　xuéxí　nóngyè,　bìyè　hòu

去了　中国　留学。
qùle　Zhōngguó　liúxué.

远山　来到　中国　的　一　个　小　村子，那里　的
Yuǎnshān　láidào　Zhōngguó　de　yí　ge　xiǎo　cūnzi,　nàli　de

人　很　穷，土地　严重　沙漠化[2]，生活　过得
rén　hěn　qióng,　tǔdì　yánzhòng　shāmòhuà,　shēnghuó　guòde

非常　苦。远山　遇见了　一　个　父亲，带着　十五　岁
fēicháng　kǔ. Yuǎnshān　yùjiànle　yí　ge　fùqin,　dàizhe　shíwǔ　suì

＊1　远山正瑛 Yuǎnshān Zhèngyīng：「遠山正瑛（とおやませいえい）」。農学博士、鳥取大学名誉教授。

＊2　沙漠化 shāmòhuà：砂漠化

的　女儿。　因为　没有　钱　生活，　父亲　要　把　女儿
de　nǚ'ér.　Yīnwei　méiyǒu　qián　shēnghuó,　fùqin　yào　bǎ　nǚ'ér

卖给　远山。　远山　非常　震惊*³，　回到　日本　后
màigěi　Yuǎnshān.　Yuǎnshān　fēicháng　zhènjīng,　huídào　Rìběn　hòu

也　常常　想起　这　件　事。
yě　chángcháng　xiǎngqǐ　zhèi　jiàn　shì.

　　远山　很　想　再　去　中国，　帮助　那里　的
　　Yuǎnshān　hěn　xiǎng　zài　qù　Zhōngguó,　bāngzhù　nàli　de

人　在　沙漠　里　种　树，　可是　一直　没有　机会。　直到
rén　zài　shāmò　li　zhòng　shù,　kěshì　yìzhí　méiyǒu　jīhui.　Zhídào

许多　年　后，　他　退休　了，　才　终于　实现了　愿望。
xǔduō　nián　hòu,　tā　tuìxiū　le,　cái　zhōngyú　shíxiànle　yuànwàng.

---

*3　震惊 zhènjīng：非常に驚く、仰天する

然而， 在 沙漠 里 种 树 是 一 件 非常
Rán'ér, zài shāmò li zhòng shù shì yí jiàn fēicháng

困难 的 事， 远山 经历了 许多 次 失败。 就 连
kùnnan de shì, Yuǎnshān jīnglìle xǔduō cì shībài. Jiù lián

当地人 都 不 相信 沙漠 里 可以 种 树， 他们
dāngdìrén dōu bù xiāngxìn shāmò li kěyǐ zhòng shù, tāmen

都 把 远山 当做 坏人。 没有 人 帮忙， 也
dōu bǎ Yuǎnshān dàngzuò huàirén. Méiyǒu rén bāngmáng, yě

得不到 当地人 的 理解。 即使 这样， 远山 也 没有
débudào dāngdìrén de lǐjiě. Jíshǐ zhèyàng, Yuǎnshān yě méiyou

放弃*4。
fàngqì.

一 天 又 一 天*5， 远山 用 自己 的 手
Yì tiān yòu yì tiān, Yuǎnshān yòng zìjǐ de shǒu

种下了 一 棵 又 一 棵 树。 可是， 就 在 他 快要
zhòngxiàle yì kē yòu yì kē shù. Kěshì, jiù zài tā kuàiyào

种到 一百 万 棵 树 的 时候， 当地 发生了
zhòngdào yìbǎi wàn kē shù de shíhou, dāngdì fāshēngle

洪水*6。 刚 种下 的 树 实在 太 小， 结果 都 被
hóngshuǐ. Gāng zhòngxià de shù shízài tài xiǎo, jiéguǒ dōu bèi

水 冲走*7 了。 远山 感到 很 绝望*8。 这 时，
shuǐ chōngzǒu le. Yuǎnshān gǎndào hěn juéwàng. Zhè shí,

当地人 出现在 他 的 面前*9。 他们 看到 远山
dāngdìrén chūxiànzài tā de miànqián. Tāmen kàndào Yuǎnshān

这样 努力 地 种 树， 被 他 的 精神 深深 地
zhèyàng nǔlì de zhòng shù, bèi tā de jīngshén shēnshēn de

感动 了， 决定 和 他 一起 努力。
gǎndòng le, juédìng hé tā yìqǐ nǔlì.

---

*4 放弃 fàngqì：放棄する、諦める
*5 一天又一天 yì tiān yòu yì tiān：「1日また 1日と」。"又"の前後に同じ［"一"＋量 詞］を置くことで、動作が何度も繰り返 されることを表す。"一棵又一棵"も同じ 構造。

*6 洪水 hóngshuǐ：洪水
*7 冲走 chōngzǒu：「押し流す」。動詞"冲" に、離れることを表す結果補語"走"が ついた形。
*8 绝望 juéwàng：絶望する
*9 面前 miànqián：目の前、眼前

在　　当地人　　的　　合作　　下，　种　　树　　的　　速度　　一下子
Zài　dāngdìrén　de　hézuò　xià,　zhòng　shù　de　sùdù　yíxiàzi

变快　　了。　洪水　　过去　　一　　年　　以后，　　远山　　和
biànkuài　le.　Hóngshuǐ　guòqù　yì　nián　yǐhòu,　Yuǎnshān　hé

当地人　　一起，　　成功　　地　　种下了　　一百　　万　　棵　　树。
dāngdìrén　yìqǐ,　chénggōng　de　zhòngxiàle　yìbǎi　wàn　kē　shù.

这些　　树　　组成了　　森林，　沙漠　　变成了　　农田*10。　当地人
Zhèxiē　shù　zǔchéngle　sēnlín,　shāmò　biànchéngle　nóngtián.　Dāngdìrén

开始　　在　　农田　　里　　种　　蔬菜，　死去　　的　　土地　　重新
kāishǐ　zài　nóngtián　li　zhòng　shūcài,　sǐqù　de　tǔdì　chóngxīn

活了　　过来。
huóle　guòlai.

远山　　不　　只是　　自己　　种　　树，　他　　还　　号召*11
Yuǎnshān　bù　zhǐshì　zìjǐ　zhòng　shù,　tā　hái　hàozhào

日本人　　一起　　帮助　　中国。　他　　回到　　日本，　去　　许多
Rìběnrén　yìqǐ　bāngzhù　Zhōngguó.　Tā　huídào　Rìběn,　qù　xǔduō

地方　　演讲，　号召　　日本人　　每　　个　　人　　每　　个　　星期
dìfāng　yǎnjiǎng,　hàozhào　Rìběnrén　měi　ge　rén　měi　ge　xīngqī

少*12　吃　　一　　顿　　饭，　捐款*13　给　　中国　　种　　树。　他
shǎo　chī　yí　dùn　fàn,　juānkuǎngěi　Zhōngguó　zhòng　shù.　Tā

还　　带着　　7000　多　　个　　日本人　　去　　中国　　种　　树，　把
hái　dàizhe　qīqiān　duō　ge　Rìběnrén　qù　Zhōngguó　zhòng　shù,　bǎ

沙漠　　变成　　森林。
shāmò　biànchéng　sēnlín.

1996　年，　为了　　向　　远山　　表达　　感谢，　也
Yījiǔjiǔliù　nián,　wèile　xiàng　Yuǎnshān　biǎodá　gǎnxiè,　yě

为了　　纪念　　他　　做　　的　　一切，　中国　　为　　他　　造了　　一
wèile　jìniàn　tā　zuò　de　yíqiè,　Zhōngguó　wèi　tā　zàole　yí

＊10　农田　nóngtián：農地、田畑

＊11　号召　hàozhào：「(指導的な立場の人が)
　　　呼びかける」。「アピールする」ことに重
　　　点を置く場合は“呼吁hūyù”と言う。

＊12　少～　shǎo~：「少なめに～する」。形容詞
　　　を副詞として使う用法。

＊13　捐款　juānkuǎn：「お金を寄付する」。離合
　　　詞なので、「～にお金を寄付する」は介詞
　　　を使って“为wèi～捐款”“向xiàng～捐
　　　款”のように言うのが本来の使い方。

＊14　塑像　sùxiàng：(石膏や粘土などで作る)
　　　塑像

座　　塑像*14。　　2004　　年,　　远山　　离开了　　这个　　世界,
zuò　sùxiàng.　Èrlínglíngsì　nián,　Yuǎnshān　líkāile　zhèige　shìjiè,

他　在　沙漠　里　种下　的　那些　树　将　永远　地
tā　zài　shāmò　li　zhòngxià　de　nèixiē　shù　jiāng　yǒngyuǎn　de

留在　中国　的　土地　上。
liúzài　Zhōngguó　de　tǔdì　shang.

日本語訳

　遠山正瑛さんは1906年、日本の山梨県富士吉田市生まれ。大学では農業を学び、卒業後は中国へ留学に行きました。

　遠山さんが中国の小さな村にやってくると、そこの人々はとても貧しく、土地は砂漠化が深刻で、大変苦しい生活を送っています。遠山さんは15歳の娘を連れた父親に出会いました。生活するお金がないため、その父親は娘を遠山さんに売りたがっていたのです。遠山さんはびっくり仰天し、日本に戻ってからもしょっちゅうこのことを思い出しました。

　遠山さんはまた中国に行き、そこの人々を支援して砂漠に木を植えたいと考えていましたが、ずっと機会がありませんでした。何年もたって定年退職してから、とうとう願いがかないました。

　しかし、砂漠に木を植えるのはとても難しいことです。遠山さんは多くの失敗を経験しました。現地の人でさえ砂漠に木を植えられるとは信じておらず、遠山さんを悪い人だと考えたのです。誰も手伝ってくれず、現地の人たちの理解も得られません。それでも遠山さんは諦めませんでした。

　1日また1日と、遠山さんは自らの手で木を1本1本植えていきました。しかしまもなく植えた木が100万本になるというところに、現地で洪水が起こりました。植えたばかりの木はあまりにも小さくて、結局すべて水に押し流されてしまったのです。遠山さんは絶望に打ちのめされました。そのとき、現地の人が彼の前に現れました。彼らは遠山さんがこんなにも懸命に木を植えているのを目にして、彼の精神に深く感銘を受け、一緒に力を尽くそうと決めたのです。

　現地の人たちの協力の下、木を植えるスピードはあっという間に上がりました。洪水が過ぎて1年後、遠山さんは現地の人と一緒に、100万本の木を植えることに成功しました。こうした木は森となり、砂漠は農地に変わりました。現地の人は農地で野菜を植えるようになり、死んでいた土地が息を吹き返したのです。

　遠山さんは自分で木を植えるだけでなく、一緒に中国を支援しようと日本人に呼びかけもしました。日本に戻ってあちこちで講演をし、日本人に、1人1人が毎週食べるご飯を1回減

らして、中国の植樹にお金を寄付してほしいと呼びかけたのです。彼はまた7000人余りの日本人を連れて中国へ植樹に行き、砂漠を森林に変えたのでした。

　1996年、遠山さんに感謝を表し、彼の行った全てのことを記念するため、中国は彼の塑像を作りました。2004年、遠山さんはこの世を去りましたが、彼が砂漠に植えた木々はいつまでも中国の土地に残るでしょう。

このストーリーのポイント

最初は現地の人々の協力を得られませんでしたが、熱心に木を植え続ける姿はやがて住民の心をつかみました。砂漠を農地に変えて村の人々の役に立ちたいという「思いやり」は、国境を越えて人々の心に訴えかけられるのです。

楽しいワハハ村

快快乐乐的哈哈村

Kuàikuàilèlè　　de　　Hāhācūn

「お国は？」「ハハ」「はい？」本人は決してふざけているわけではない。中国のとある場所に、自己紹介することが厄介な変わった村があった……。

"你　是　哪里　人？"
"Nǐ　shì　nǎli　rén?"

"四川省*1　　凉山*2。"
"Sìchuānshěng　Liángshān."

"凉山　的　哪儿？"
"Liángshān　de　nǎr?"

"哈哈。"
"Hāhā."

"啊？"
"Á?"

中国　　　四川省　　的　　凉山　　有　一　个　哈哈村。
Zhōngguó　Sìchuānshěng　de　Liángshān　yǒu　yí　ge　Hāhācūn.

＊1 四川省 Sìchuānshěng：「四川省」。省都は成都市、2022年末時点での常住人口は8374万人。長江の上流にあり、古くから文明が発達した。九寨溝、都江堰などの名所、パンダやキンシコウなどの希少生物でも有名

＊2 凉山 Liángshān：「涼山イ族自治州」。「南のシルクロード」の経由地として、古くから雲南や東南アジアへの交易に重要な役割を果たした

66

村里　的　人　介绍　自己　时，　经常　会　出现　上面
Cūnli　de　rén　jièshào　zìjǐ　shí,　jīngcháng　huì　chūxiàn　shàngmiàn

这样　的　有趣　的　对话。"哈哈"　在　中文　里　代表
zhèyàng　de　yǒuqù　de　duìhuà.　"Hāhā"　zài　Zhōngwén　li　dàibiǎo

发笑 *3　的　声音，所以　很　多　人　听到　"哈哈村"　时，
fāxiào　de　shēngyīn,　suǒyǐ　hěn　duō　rén　tīngdào　"Hāhācūn"　shí,

都　以为　在　开　玩笑。
dōu　yǐwéi　zài　kāi　wánxiào.

　　哈哈村　的　村民 *4　说，"哈哈"　这个　名字　其实　很
　　Hāhācūn　de　cūnmín　shuō,　"Hāhā"　zhèige　míngzi　qíshí　hěn

老　了，已经　有　一百　多　年　的　历史。这里　不　只是
lǎo　le,　yǐjīng　yǒu　yìbǎi　duō　nián　de　lìshǐ.　Zhèli　bù　zhǐshì

＊3　发笑　fāxiào：笑う、笑い出す
＊4　村民　cūnmín：村民

村子*5 的 名字 叫 "哈哈"， 还 有 很 多 东西 的
cūnzi de míngzi jiào "Hāhā", hái yǒu hěn duō dōngxi de

名字 也 叫 "哈哈"。 比如， 村子 旁边 有 一 条
míngzi yě jiào "Hāhā". Bǐrú, cūnzi pángbiān yǒu yì tiáo

哈哈河， 村子 里面 有 哈哈 小学， 还 有 哈哈
Hāhāhé, cūnzi lǐmiàn yǒu Hāhā Xiǎoxué, hái yǒu Hāhā

商店。
Shāngdiàn.

这个 村子 为 什么 用 "哈哈" 做 名字？ 究竟
Zhèige cūnzi wèi shénme yòng "Hāhā" zuò míngzi? Jiūjìng

是 谁 给 村子 取了 一 个 这么 特别 的 名字？
shì shéi gěi cūnzi qǔle yí ge zhème tèbié de míngzi?

有 人 说， 其实 最 早 的 时候， 先 有 哈哈河，
Yǒu rén shuō, qíshí zuì zǎo de shíhou, xiān yǒu Hāhāhé,

再 有 哈哈村。 但是 这样 的 说法*6 是 不 是 真
zài yǒu Hāhācūn. Dànshì zhèyàng de shuōfǎ shì bu shì zhēn

的， 现在 已经 没有 人 知道。
de, xiànzài yǐjīng méiyǒu rén zhīdao.

哈哈村 周围 还 有 好几 个 村子， 名字 里面
Hāhācūn zhōuwéi hái yǒu hǎojǐ ge cūnzi, míngzi lǐmiàn

都 有 "乐" 字。 村里 的 人 常常 说， 这个 地区
dōu yǒu "lè" zì. Cūnli de rén chángcháng shuō, zhèige dìqū

的 人 总是 很 快乐， 因为 村子 的 名字 放在
de rén zǒngshì hěn kuàilè, yīnwei cūnzi de míngzi fàngzài

一起， 就是 "乐哈哈*7"。 哈哈村 的 人 说： "向 别人
yìqǐ, jiùshì "Lèhāhā". Hāhācūn de rén shuō: "Xiàng biérén

介绍 自己 的 家乡 时， 每 次 都 很 麻烦。 因为
jièshào zìjǐ de jiāxiāng shí, měi cì dōu hěn máfan. Yīnwei

＊5 村子 cūnzi：村
＊6 说法 shuōfǎ：意見、見解
＊7 乐哈哈 lèhāhā："乐呵呵 lèhēhē"「楽しそうだ」をもじった言い方

68

很 多 人 最 开始*8 都 听不明白， 必须 给 他们
hěn duō rén zuì kāishǐ dōu tīngbumíngbai, bìxū gěi tāmen

慢慢 地 解释。 不过， 解释清楚 以后， 大家 都 会
mànmàn de jiěshì. Búguò, jiěshìqīngchu yǐhòu, dàjiā dōu huì

哈哈 大笑。 这 也 是 一 件 很 快乐 的 事。"
hāhā dàxiào. Zhè yě shì yí jiàn hěn kuàilè de shì."

　　除了 哈哈村 以外， 四川 还 有 许多 有趣 的
　　Chúle Hāhācūn yǐwài, Sìchuān hái yǒu xǔduō yǒuqù de

地名。 比如， 有 一 个 地方 叫 "妈妈镇"， 据说 是
dìmíng. Bǐrú, yǒu yí ge dìfang jiào "Māmazhèn", jùshuō shì

为了 纪念 一 个 伟大 的 女人。 三百 多 年 前，
wèile jìniàn yí ge wěidà de nǚrén. Sānbǎi duō nián qián,

有 一 个 女人 生活在 这里。 她 经常 帮助
yǒu yí ge nǚrén shēnghuózài zhèli. Tā jīngcháng bāngzhù

穷人， 照顾 老人， 很 受 人们 尊重。 所以， 大家
qióngrén, zhàogù lǎorén, hěn shòu rénmen zūnzhòng. Suǒyǐ, dàjiā

都 亲切 地 叫 她 "妈妈"。 时间 久 了， 这 片
dōu qīnqiè de jiào tā "māma". Shíjiān jiǔ le, zhèi piàn

地区 的 名字 也 变成了 "妈妈"。
dìqū de míngzi yě biànchéngle "Māma".

　　另外， 四川 还 有 一 个 地方 叫 "高兴镇"。
　　Lìngwài, Sìchuān hái yǒu yí ge dìfang jiào "Gāoxìngzhèn".

有 人 说： "去了 高兴镇， 肯定 每 天 都 很
Yǒu rén shuō: "Qùle Gāoxìngzhèn, kěndìng měi tiān dōu hěn

高兴。" 还 有 人 说： "如果 我 出生在 高兴镇，
gāoxìng." Hái yǒu rén shuō: "Rúguǒ wǒ chūshēngzài Gāoxìngzhèn,

那么 我 一定 跟 别人 说： 我 是 高兴人。"
nàme wǒ yídìng gēn biérén shuō: Wǒ shì Gāoxìngrén."

---

*8　最开始 zuì kāishǐ：一番最初

日本語訳

「お国は?」

「四川省の涼山です」

「涼山のどこですか?」

「ハハ」

「はい?」

中国四川省の涼山イ族自治州にハハ村というところがあります。村の人が自己紹介をするとき、しばしばこういう滑稽なやりとりになります。「ハハ」は中国語で笑い声を表すので、多くの人は「ハハ村」と聞くと冗談だと思ってしまうのです。

ハハ村の住民いわく、実は、「ハハ」という名前はとても古いもので、すでに100年余りの歴史があるのだとか。ここでは村の名前が「ハハ」というだけでなく、「ハハ」という名前のものが他にもたくさんあります。例えば、村のそばにハハ川があり、村にはハハ小学校、それにハハ商店もあるのです。

この村ではなぜ「ハハ」を名前にしたのでしょうか。いったい誰が村にこんな変わった名前をつけたのでしょう? 実は遠い昔、まずハハ川があって、それからハハ村ができたのだと言う人がいます。しかしこのような見方が本当かどうか、今となっては誰にも分かりません。

ハハ村の周りにはまたいくつもの村があり、名前にはどれも「楽」の字がつきます。村の人はよく、この地域の人はいつでも陽気なんだ、なぜなら村の名前を合わせると「楽しくてワハハと笑う」になるからねと言います。ハハ村の人は、「人に自分の故郷を紹介するとき、いつも厄介なんですよ。何しろたいていの人が最初は聞いても意味が分からず、ゆっくり説明しなきゃいけませんからね。でもきちんと説明すると、みんなワハハと大笑いします。これも愉快なことです」と話します。

ハハ村以外にも、四川省には面白い地名がたくさんあります。例えば、「お母さん鎮」という場所。偉大な女性を記念するためだそうです。300年余り前、ある女性がここで暮らしていました。その女性はいつも貧しい人を助け、お年寄りの面倒を見て、尊敬を集めていました。ですから、みんな親しみを込めて彼女のことを「お母さん」と呼んだのです。長い時がたち、この地域の名前も「お母さん」になりました。

また、四川省には「楽しい鎮」という場所もあります。「楽しい鎮に行けば、きっと毎日楽しいだろうな」と言う人もいれば、「もし楽しい鎮に生まれていたら、他の人に『私は楽しい人です』と言ったのに」と言う人もいます。

このストーリーのポイント

世界各地には様々な地名があり、その由来も様々です。地名とは思えないものもあるでしょう。
ハハ村のように、日常から何か小さな笑いを見いだせたなら、その日1日はきっと楽しい気分
で過ごせるのではないでしょうか。

ワンばあちゃんとワンタン

王奶奶和一碗热馄饨 *1 (Track 011)
Wángnǎinai hé yì wǎn rè húntun

「えっ？ これ、僕に？」。中国の四川省でのこと。貧困で厳しい生活を強いられていた15歳のシュウに、1杯のワンタンが差し出される。ワンばあちゃんは、なぜだかシュウをいつも気に掛けてくれるのだった。ある日、シュウは偶然ワンばあちゃんを見掛け……。

小许　　十五　　岁，　　住在　　中国　　四川省 *2。　他
Xiǎo-Xǔ　shíwǔ　suì,　zhùzài　Zhōngguó　Sìchuānshěng.　Tā

家里　很　穷，　没有　钱　给　他　上学。　每天，　小许
jiāli　hěn　qióng,　méiyǒu　qián　gěi　tā　shàngxué.　Měitiān,　Xiǎo-Xǔ

都　要　一　家　一　家　地　敲开　邻居　家　的　门，
dōu　yào　yì　jiā　yì　jiā　de　qiāokāi　línjū　jiā　de　mén,

讨要 *3　他们　吃剩　的　饭菜，　拿回　家　喂 *4　猪。
tǎoyào　tāmen　chīshèng　de　fàncài,　náhuí　jiā　wèi　zhū.

有　一　天，　小许　像　平常　一样，　推着
Yǒu　yì　tiān,　Xiǎo-Xǔ　xiàng　píngcháng　yíyàng,　tuīzhe

手推车 *5　在　村里　讨要　饭菜。　忽然，　他　闻到　一　阵
shǒutuīchē　zài　cūnli　tǎoyào　fàncài.　Hūrán,　tā　wéndào　yí　zhèn

＊1　馄饨 húntun：ワンタン
＊2　四川省 Sìchuānshěng：「四川省」。省都は成都市、2022年末時点での常住人口は8374万人。長江の上流にあり、古くから文明が発達した。九寨溝、都江堰などの名所、パンダやキンシコウなどの希少生物でも有名
＊3　讨要 tǎoyào：ねだる、せがむ
＊4　喂 wèi：（動物に）餌をやる、（病人や子供に）食べさせる
＊5　手推车 shǒutuīchē：手押し車

很　香　的　味道，　是　从　一　家　小店　传*6 出来
hěn xiāng de wèidao, shì cóng yì jiā xiǎodiàn chuánchulai

的。　这　家　店　在　村里　非常　有名，　卖　的
de. Zhèi jiā diàn zài cūnli fēicháng yǒumíng, mài de

馄饨　特别　好吃。
húntun tèbié hǎochī.

　　小许　在　心里　对　自己　说：“肚子　好　饿　啊。
Xiǎo-Xǔ zài xīnli duì zìjǐ shuō: "Dùzi hǎo è a.

可是，　我　身上　一　分　钱　都　没有。　算　了，
Kěshì, wǒ shēnshang yì fēn qián dōu méiyǒu. Suàn le,

闻闻　味道　也　好。”他　深深　地　吸*7 了　一　口
wénwen wèidao yě hǎo." Tā shēnshēn de xīle yì kǒu

---

* 6　传　chuán：「広まる」。知らせや音、匂い
　　などが伝わることを言う

* 7　吸　xī：吸う。息を「吐く」は“呼hū”で、
　　合わせて“呼吸húxī”「呼吸する」となる

气*8，把　香味　吸进了　肚子　里。
qì,　bǎ　xiāngwèi　xījìnle　dùzi　li.

　　这　时，一　个　老奶奶　向　他　招了　招　手，
　　Zhè　shí,　yí　ge　lǎonǎinai　xiàng　tā　zhāole　zhāo　shǒu,

说：“你　过来，坐　这里。”
shuō:　"Nǐ　guòlái,　zuò　zhèli."

　　小许　很　惊讶，问：“您　是　在　叫　我　吗？”
　　Xiǎo-Xǔ　hěn　jīngyà,　wèn:　"Nín　shì　zài　jiào　wǒ　ma?"

　　老奶奶　回答：　“就　是　在　叫　你！快　过来，
　　Lǎonǎinai　huídá:　"Jiù　shì　zài　jiào　nǐ!　Kuài　guòlái,

坐下。”
zuòxià."

　　小许　不　知道　老奶奶　为　什么　要　叫　他。
　　Xiǎo-Xǔ　bù　zhīdào　lǎonǎinai　wèi　shénme　yào　jiào　tā.

不过，他　还是　走过去，和　她　坐在了　一起。两　个
Búguò,　tā　háishi　zǒuguoqu,　hé　tā　zuòzàile　yìqǐ.　Liǎng　ge

人　等了　一会儿，店里　的　人　送来了　一　碗　馄饨。
rén　děngle　yíhuìr,　diànli　de　rén　sònglái le　yì　wǎn　húntun.

老奶奶　把　碗　推到　小许　面前，说：“快　吃　吧。”
Lǎonǎinai　bǎ　wǎn　tuīdào　Xiǎo-Xǔ　miànqián,　shuō:　"Kuài　chī　ba."

　　小许　更　惊讶　了，问　老奶奶：“给　我　吃？”
　　Xiǎo-Xǔ　gèng　jīngyà　le,　wèn　lǎonǎinai:　"Gěi　wǒ　chī?"

　　老奶奶　笑着　回答：“对，给　你　吃。快，趁　热。”
　　Lǎonǎinai　xiàozhe　huídá:　"Duì,　gěi　nǐ　chī.　Kuài,　chèn　rè."

　　就　这样，小许　认识了　王奶奶。王奶奶　在　很
　　Jiù　zhèyàng,　Xiǎo-Xǔ　rènshile　Wángnǎinai.　Wángnǎinai　zài　hěn

多　方面　都　非常　照顾　小许，不但　请　他　吃
duō　fāngmiàn　dōu　fēicháng　zhàogù　Xiǎo-Xǔ,　búdàn　qǐng　tā　chī

---

*8　气 qì：息

74

馄饨，还把自己家种的蔬菜分给他。
húntun, hái bǎ zìjǐ jiā zhòng de shūcài fēngěi tā.

有一天，小许偶然看见王奶奶朝一
Yǒu yì tiān, Xiǎo-Xǔ ǒurán kànjiàn Wángnǎinai cháo yí

幢又破又旧的房子走去。
zhuàng yòu pò yòu jiù de fángzi zǒuqù.

"王奶奶！"小许叫了一声。王奶奶回过头：
"Wángnǎinai!" Xiǎo-Xǔ jiàole yì shēng. Wángnǎinai huíguòtóu:

"是你啊。"她说着，轻轻地笑了一下，看上去
"Shì nǐ a." Tā shuōzhe, qīngqīng de xiàole yíxià, kànshangqu

似乎很难过，也很累。小许这时才知道，
sìhū hěn nánguò, yě hěn lèi. Xiǎo-Xǔ zhè shí cái zhīdao,

王奶奶的丈夫病得很重，儿子眼睛
Wángnǎinai de zhàngfu bìngde hěn zhòng, érzi yǎnjing

看不见。所以，家里只有王奶奶能够工作
kànbujiàn. Suǒyǐ, jiāli zhǐ yǒu Wángnǎinai nénggòu gōngzuò

赚钱。尽管王奶奶的生活也很苦，但她
zhuànqián. Jǐnguǎn Wángnǎinai de shēnghuó yě hěn kǔ, dàn tā

仍然把自己的吃的分给了小许。
réngrán bǎ zìjǐ de chī de fēngěile Xiǎo-Xǔ.

1987年，王奶奶的丈夫去世了。两年
Yījiǔbāqī nián, Wángnǎinai de zhàngfu qùshì le. Liǎng nián

后，她因为没有钱付房租，只能和儿子
hòu, tā yīnwei méiyǒu qián fù fángzū, zhǐ néng hé érzi

一起住进了养老院*9。小许总是尽量抽时间
yìqǐ zhùjìnle yǎnglǎoyuàn. Xiǎo-Xǔ zǒngshì jǐnliàng chōu shíjiān

去看她，陪她聊天儿。
qù kàn tā, péi tā liáotiānr.

---

*9　养老院　yǎnglǎoyuàn：老人ホーム

2002 年， 王奶奶 的 儿子 也 生病 去世
Èrlínglíng'èr nián, Wángnǎinai de érzi yě shēngbìng qùshì

了。 谁 都 可以 看出， 失去 儿子 让 王奶奶
le. Shéi dōu kěyǐ kànchū, shīqù érzi ràng Wángnǎinai

非常 痛苦。 儿子 死 后 不 久， 王奶奶 自己 又
fēicháng tòngkǔ. Érzi sǐ hòu bù jiǔ, Wángnǎinai zìjǐ yòu

被 车 撞， 两 条 腿 都 骨折*10 了。
bèi chē zhuàng, liǎng tiáo tuǐ dōu gǔzhé le.

　　小许 知道 这 件 事 后， 和 家里 人 商量
　　Xiǎo-Xǔ zhīdao zhèi jiàn shì hòu, hé jiāli rén shāngliang

说：“我 想 让 王奶奶 住到 我们 家 来， 跟
shuō: “Wǒ xiǎng ràng Wángnǎinai zhùdào wǒmen jiā lái, gēn

我们 一起 生活。 我 小 的 时候， 王奶奶 很
wǒmen yìqǐ shēnghuó. Wǒ xiǎo de shíhou, Wángnǎinai hěn

照顾 我， 对 我 就 像 对 家人 一样。”
zhàogù wǒ, duì wǒ jiù xiàng duì jiārén yíyàng.”

　　小许 的 家人 同意 了。 于是， 小许 再 次 来到
　　Xiǎo-Xǔ de jiārén tóngyì le. Yúshì, Xiǎo-Xǔ zài cì láidào

养老院 见 王奶奶。
yǎnglǎoyuàn jiàn Wángnǎinai.

　　小许 说：“王奶奶， 跟 我 一起 回 家 吧。”
　　Xiǎo-Xǔ shuō: “Wángnǎinai, gēn wǒ yìqǐ huí jiā ba.”

王奶奶 听 了， 惊讶 地 问：“回 家？ 回 什么
Wángnǎinai tīng le, jīngyà de wèn: “Huí jiā? Huí shénme

家？”
jiā?”

　　小许 回答：“您 就 是 我 的 家人， 所以， 回
　　Xiǎo-Xǔ huídá: “Nín jiù shì wǒ de jiārén, suǒyǐ, huí

---

*10 骨折 gǔzhé：骨折する

76

我们 的 家。"
wǒmen de jiā."

　　就 这样， 王奶奶 搬到了 小许 家， 他们
　　Jiù zhèyàng, Wángnǎinai bāndàole Xiǎo-Xǔ jiā, tāmen

成为了 一家人 *11。 搬家 时， 王奶奶 只 带了 一 件
chéngwéile yìjiārén. Bānjiā shí, Wángnǎinai zhǐ dàile yí jiàn

东西， 是 一 根 长长 的 拐杖 *12。 那 之后， 她
dōngxi, shì yì gēn chángcháng de guǎizhàng. Nà zhīhòu, tā

的 生活 愉快 而 平静。 2014 年 1 月， 94
de shēnghuó yúkuài ér píngjìng. Èrlíngyīsì nián yī yuè, jiǔshisì

岁 的 王奶奶 永远 地 闭上了 眼睛。
suì de Wángnǎinai yǒngyuǎn de bìshàngle yǎnjing.

＊11 一家人 yìjiārén：家族、（家族のような）
　　仲間
＊12 拐杖 guǎizhàng：ステッキ

日本語訳

　中国の四川省に、シュウという名の15歳の男の子がいました。家はとても貧しく、彼を学校に行かせる余裕がありませんでした。毎日、シュウは近所の家を一軒一軒訪ねて回り、家で飼っている豚の餌にするため残飯をもらっていました。

　ある日、シュウがいつものように手押し車を押しながら村を回っていると、突然たまらなくおいしそうなにおいが漂ってきました。それは、村一番のワンタンを作ることで有名な、一軒の小さな屋台からでした。

　「おなかすいたなあ、でも、一銭もないからな。せめて、においだけでも嗅ごう」とシュウは心の中で思い、胸いっぱいその香りを吸い込みました。

　そのときです。一人のおばあさんが手招きしてこう言いました。「ねえ、あんた！　ここへ来てお掛けなさい」

　「僕に言ってるんですか？」とシュウは驚いて言いました。

　「そうさ、こっちへおいで。座って」

　訳が分からないまま、それでも近づいていって彼はそのおばあさんと一緒に腰掛けました。少しして、1杯のワンタンが運ばれてきました。「さあ、おあがり」と言いながら、彼女は器を彼の方に押してよこしました。

　シュウは戸惑いました。「えっ？　これ、僕に？」

　彼女はにっこり笑って言いました。「ああ、あんたにだよ。さあ、温かいうちに早くおあがり」

　そうして、シュウとワンばあちゃんは知り合いになったのでした。ワンばあちゃんは、いろいろな面でシュウの面倒を見ようとしてくれました。ワンタンをおごってくれることもあれば、自分の畑で採れた野菜を持ってきてくれることもありました。

　そんなある日のこと、シュウは偶然、ワンばあちゃんが一軒のみすぼらしい家に向かって歩いていくのを見掛けました。

　「ワンばあちゃん」とシュウは声を掛けました。ばあちゃんは振り返り、「おや、あんたかい」と言って、弱々しくほほ笑みました。なんだかつらそうで、疲れているようでした。このとき初めて、ワンばあちゃんの夫が重い病気で、息子は目が不自由だということが分かったのです。家族の中で、ワンばあちゃんが唯一の稼ぎ手だったのです。自分の暮らしも苦しかったのに、彼女はシュウに食べ物を分けてくれていたのでした。

　ワンばあちゃんの夫は1987年に亡くなりました。2年後、家賃を払うことができなくなった彼女は家を失い、やむを得ず息子と共に老人ホームに移ることになりました。シュウは彼女を訪ね、一緒に話をして過ごすために、できるだけ時間をつくりました。

　2002年には、彼女の息子が病気で亡くなりました。息子を失ったことが、彼女にとってと

ても耐え難いことであったのは明らかでした。息子の死から間もなく、今度はワンばあちゃんが交通事故で両足を骨折してしまいました。

事故のことを聞くと、シュウは家族にこう話しました。「ワンばあちゃんを引き取って、一緒に住もうと思うんだ。子供のころ、ばあちゃんは僕に自分の家族のように接してくれたんだよ」

シュウの家族は賛成しました。そこで彼は老人ホームのワンばあちゃんを訪ねました。

「ワンばあちゃん、家に帰ろう」とシュウは言いました。

「家って何だい?」とワンばあちゃんはびっくりして言いました。

「僕たちは家族なんだからね。さあ、僕たちの家に帰ろう」

こうしてワンばあちゃんはシュウの家に引っ越し、彼らは家族となったのでした。ワンばあちゃんは引っ越すとき、あるものを1つだけもってきました、それは一本の長い長いつえでした。その後彼女は楽しくのどかな暮らしを送りました。2014年1月、94歳のワンばあちゃんは永遠の眠りについたのでした。

このストーリーのポイント

この中国であった実話では、おなかをすかせた10代の男の子に年配の女性が贈った1杯のワンタンが、生涯の友情をもたらします。私たちに、「親切が親切を生み、いずれ自分に返ってくるのだから誰にでも親切にするべきだ」ということを示しています。

第2章
アメリカを中心とした英語圏で 広く読まれているストーリー

木の器

木碗 Track 012
Mùwǎn

食べ物をこぼしたり、お皿を割ったりする年老いた父親に、息子夫婦は不満を募らせていた。そこで二人は、父親だけ別の場所で食事をさせ、木の器で料理を出すことにした。そんなある日、幼い息子が夫婦のために「ある物」を作っていた。そして、その「ある物」が何かを聞いた二人は、大きな衝撃を受ける。息子が作っていた物とは……？

有 一 天， 一个 老人 搬到了 儿子 家， 和 儿子
Yǒu yì tiān, yí ge lǎorén bāndàole érzi jiā, hé érzi

的 妻子， 还 有 四 岁 的 小 孙子 一起 生活。
de qīzi, hái yǒu sì suì de xiǎo sūnzi, yìqǐ shēnghuó.

老人 的 手 抖*1 得 厉害， 眼睛 也 已经 看不清楚，
Lǎorén de shǒu dǒude lìhai, yǎnjing yě yǐjīng kànbuqīngchu,

走路 很 慢 很 慢。
zǒulù hěn màn hěn màn.

每 天 晚上， 一家人 都 会 坐在 桌子边 一起
Měi tiān wǎnshang, yìjiārén dōu huì zuòzài zhuōzibiān yìqǐ

吃 晚饭。 但是， 因为 老人 实在 太 老 了， 手 抖，
chī wǎnfàn. Dànshì, yīnwei lǎorén shízài tài lǎo le, shǒu dǒu,

---

*1 抖 dǒu：震える

看不清， 所以 吃起 饭 来 非常 困难。 他 吃饭 时，
kànbuqīng, suǒyǐ chīqi fàn lai fēicháng kùnnan. Tā chīfàn shí,

不 是 把 吃 的 东西 掉在 地上， 就 是 把 牛奶
bú shì bǎ chī de dōngxi diàozài dìshang, jiù shì bǎ niúnǎi

洒在 桌子 上。 这样 的 事情 越 来 越 多， 儿子
sǎzài zhuōzi shang. Zhèyàng de shìqing yuè lái yuè duō, érzi

和 他 妻子 不由得 *2 生起 气 来。 儿子 抱怨 *3 说：
hé tā qīzi bùyóude shēngqi qì lai. Érzi bàoyuàn shuō:

"父亲 真是 太 麻烦 了！ 总是 把 牛奶 洒到
"Fùqin zhēnshi tài máfan le! Zǒngshì bǎ niúnǎi sǎdào

桌上， 吃饭 时 还 会 发出 声音， 吵死 了。 他 还
zhuōshang, chīfàn shí hái huì fāchū shēngyīn, chǎosǐ le. Tā hái

＊2 不由得 bùyóude：思わず、つい
＊3 抱怨 bàoyuàn：恨み言を言う、愚痴をこ
ぼす。「恨む」意味が強い

老是 把 吃 的 掉在 地上， 真 浪费!" 于是， 儿子
lǎoshi bǎ chī de diàozài dìshang, zhēn làngfèi!" Yúshì, érzi

和 妻子 另外 准备了 一 张 小 桌子。 每天 晚饭
hé qīzi lìngwài zhǔnbèile yì zhāng xiǎo zhuōzi. Měitiān wǎnfàn

时， 老人 自己 一 个 人 在 小 桌子 上 吃， 其他
shí, lǎorén zìjǐ yí ge rén zài xiǎo zhuōzi shang chī, qítā

家里 人 在 大 桌子 上 吃。
jiāli rén zài dà zhuōzi shang chī.

后来， 由于 老人 又 摔坏了 好几 个 碗， 儿子
Hòulái, yóuyú lǎorén yòu shuāihuàile hǎojǐ ge wǎn, érzi

就 把 父亲 的 碗 换成了 木碗。 有时候， 家里 人
jiù bǎ fùqin de wǎn huànchéngle mùwǎn. Yǒushíhou, jiāli rén

也 会 看到 老人 一边 吃饭 一边 流泪。 但 即使
yě huì kàndào lǎorén yìbiān chīfàn yìbiān liúlèi. Dàn jíshǐ

这样， 儿子 和 他 妻子 仍然 只 会 抱怨， 责怪 *4
zhèyàng, érzi hé tā qīzi réngrán zhǐ huì bàoyuàn, zéguài

老人 把 勺子 或者 吃 的 掉在 地上。 这些 都
lǎorén bǎ sháozi huòzhě chī de diàozài dìshang. Zhèxiē dōu

看在了 四 岁 的 小 孙子 的 眼睛 里。
kànzàile sì suì de xiǎo sūnzi de yǎnjing li.

有 一 天 晚饭 前， 四 岁 的 小 孙子 坐在
Yǒu yì tiān wǎnfàn qián, sì suì de xiǎo sūnzi zuòzài

地板 上 玩儿 木片 *5。 老人 的 儿子 问 他："你
dìbǎn shang wánr mùpiàn. Lǎorén de érzi wèn tā:"Nǐ

在 玩儿 什么?" 小 孙子 笑着 回答："我 在 给
zài wánr shénme?" Xiǎo sūnzi xiàozhe huídá:"Wǒ zài gěi

爸爸、 妈妈 做 木碗。 等 我 长大 了， 爸爸、 妈妈 就
bàba、 māma zuò mùwǎn. Děng wǒ zhǎngdà le, bàba、 māma jiù

---

*4 责怪 zéguài：「責める」「とがめる」。"埋
怨mányuàn"とも言い、こちらは「とがめ
る」意味が強い

*5 木片 mùpiàn：木切れ

可以 用 我 做 的 木碗 吃饭 啦！" 他 说完， 又
kěyǐ yòng wǒ zuò de mùwǎn chīfàn la!" Tā shuōwán, yòu

开始 玩儿起了 木片。 儿子 和 他 妻子 听到 后，
kāishǐ wánrqǐle mùpiàn. Érzi hé tā qīzi tīngdào hòu,

吃惊得 说不出 话。 然后， 两 个 人 都 流下了
chījīngde shuōbuchū huà. Ránhòu, liǎng ge rén dōu liúxiàle

眼泪。 这 时 他们 才 意识到， 自己 做 的 事 多么
yǎnlèi. Zhè shí tāmen cái yìshidào, zìjǐ zuò de shì duōme

过分。 两 个 人 紧紧 抱住了 他们 的 儿子， 也
guòfèn. Liǎng ge rén jǐnjǐn bàozhùle tāmen de érzi, yě

抱住了 他们 的 爸爸。 这 天 晚上， 儿子 和 他
bàozhùle tāmen de bàba. Zhè tiān wǎnshang, érzi hé tā

妻子 拉着 老人 的 手， 让 他 重新 回到了 大
qīzi lāzhe lǎorén de shǒu, ràng tā chóngxīn huídàole dà

桌子 上。
zhuōzi shang.

　　从 那 一 天 开始， 老人 又 和 儿子 一家 在
Cóng nà yì tiān kāishǐ, lǎorén yòu hé érzi yìjiā zài

同 一 张 桌子 上 一起 吃饭 了。 不管 老人
tóng yì zhāng zhuōzi shang yìqǐ chīfàn le. Bùguǎn lǎorén

掉了 勺子， 还是 洒了 牛奶， 儿子 和 他 妻子 再 也
diàole sháozi, háishi sǎle niúnǎi, érzi hé tā qīzi zài yě

没有 抱怨过。 这样 的 生活 一直 持续*6 到 老人
méiyou bàoyuànguo. Zhèyàng de shēnghuó yìzhí chíxù dào lǎorén

死去 的 那 一 天。
sǐqù de nà yì tiān.

＊6　持续 chíxù：続く、持続する

日本語訳

　ある年老いた男性が、息子と義理の娘、そして4歳の孫息子と同居し始めました。その老人の手は震え、視力は弱く、歩くのもとてもゆっくりしていました。

　家族は毎晩ディナーテーブルで一緒に食事をしていました。しかし、その年老いた祖父は、震える手や衰えた視力のせいで、食事をすることがかなり難しくなっていました。食事の際、食べものを床に落とすのでなければ牛乳をテーブルにこぼしてしまいます。このようなことが度重なり、老人の息子と義理の娘は彼につい腹を立てるようになりました。「おやじは本当に世話がやける」と息子が言いました。「テーブルクロスにこぼれた牛乳や食べるときのうるさい音、それに食べものを床に落とすし、もうたくさんだ」。そして夫と妻は別に小さなテーブルを置きました。残りの家族がディナーテーブルで夕食を楽しむ間、老人はそこで一人で食べました。

　老人がお皿を何枚も割って以来、彼の食事は木の器で出されました。ときどき、家族が老人の方に目をやると、彼は目に涙を浮かべながら一人で食事をしていました。それでも、夫婦の口から出てくるのは、老人がスプーンや食べものを落としたときのきつい言葉ばかりでした。彼らの4歳の息子はすべてを黙って見ていました。

　ある夜の夕食の前、父は息子が床に座って木片で遊んでいるのに気付きました。父は、「そこで何をやっているんだい？」と尋ねました。すると男の子はにっこりと笑って答えました。「あのね、僕が大きくなったときにパパとママがご飯を食べる器を作ってるんだ」。そう言うと、息子はまた作り始めました。その言葉に衝撃を受けるあまり、両親は声も出ませんでした。そして涙がほおを伝って流れ始めました。自分たちがいままでにどれだけひどいことをしてきたかを悟り、二人は息子を、そして父をきつく抱きしめました。その夜、夫婦は老人の手を取り、家族の食卓に招き戻しました。

　老人はその日からまた、毎食を家族と一緒に食べるようになりました。そして、夫も妻も、老人がスプーンを落とそうと、牛乳をこぼそうと、全く気にしなくなりました。このような暮らしは、老人がこの世を去るその日までずっと続いたのでした。

ストーリーのポイント

この話は、子どもはときにとてもよく物事を見ているということを示しています。この夫婦の
ように、大人は日々のささいなことに気を取られてしまい、人に優しくしたり親切にしたりす
ることを忘れてしまいがちです。この優しい男の子の行動によって、両親は、自分たちが父親
に対してどんなにひどいことをしていたのかを悟ったのです。

無言の愛

无言^{*1}的爱
Wúyán　　de　ài

若い二人の男女は、女性の両親から交際を反対されていたものの、愛を貫き婚約を果たした。その後、男性は留学したため離れ離れではあったが、二人は着実に愛を育んでいた。しかしある日突然、女性は男性に別れを告げる……。

吉娜^{*2}　和　陶德^{*3}　是　一　对　恋人，但是　吉娜　的
Jínà　　hé　Táodé　shì　yí　duì　liànrén,　dànshì　Jínà　de

家人　一直　反对　他们　谈　恋爱。吉娜　的　父母　总是
jiārén　yìzhí　fǎnduì　tāmen　tán　liàn'ài.　Jínà　de　fùmǔ　zǒngshì

对　吉娜　说："陶德　家里　太　穷，和　他　在　一起，你
duì　Jínà　shuō:　"Táodé　jiāli　tài　qióng,　hé　tā　zài　yìqǐ,　nǐ

一辈子　都　会　过得　非常　辛苦。"尽管　这样，吉娜
yíbèizi　dōu　huì　guòde　fēicháng　xīnkǔ."　Jǐnguǎn　zhèyàng,　Jínà

还是　深深　地　爱着　陶德，并　没有　离开　他。
háishi　shēnshēn　de　àizhe　Táodé,　bìng　méiyou　líkāi　tā.

两三　年　后，陶德　大学　毕业，决定　去　国外
Liǎng-sān　nián　hòu,　Táodé　dàxué　bìyè,　juédìng　qù　guówài

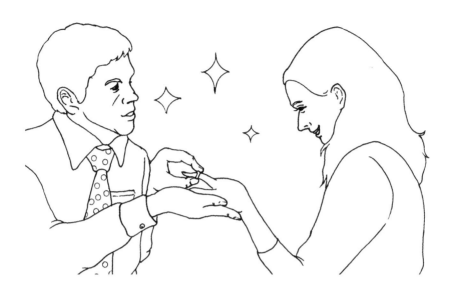

留学。　走　之前，　他　向　吉娜　求婚*4。　他　对　吉娜
liúxué.　Zǒu　zhīqián,　tā　xiàng　Jínà　qiúhūn.　Tā　duì　Jínà

说：“虽然　我　不　太　会　说话，　但是　我　真　的　很
shuō: "Suīrán　wǒ　bú　tài　huì　shuōhuà,　dànshì　wǒ　zhēn　de　hěn

爱　很　爱　你。　如果　你　愿意，　请　让　我　永远
ài　hěn　ài　nǐ.　Rúguǒ　nǐ　yuànyì,　qǐng　ràng　wǒ　yǒngyuǎn

陪在　你　的　身边，　保护　你　一辈子。　我　知道　你　的
péizài　nǐ　de　shēnbiān,　bǎohù　nǐ　yíbèizi.　Wǒ　zhīdao　nǐ　de

家人　不　喜欢　我，　但　我　会　尽　最大　的　努力，　让
jiārén　bù　xǐhuan　wǒ,　dàn　wǒ　huì　jìn　zuìdà　de　nǔlì,　ràng

他们　接受　我。　你　愿意　嫁*5给　我　吗？”　吉娜　点点
tāmen　jiēshòu　wǒ.　Nǐ　yuànyì　jiàgěi　wǒ　ma?"　Jínà　diǎndian

＊4　求婚　qiúhūn：「求婚する」「プロポーズす
　　る」。離合詞なので「～にプロポーズする」
　　は“求婚～”とは言えず、介詞を使って
　　“向 xiàng～求婚”と言う
＊5　嫁　jià：「嫁ぐ」。よく“嫁给～”「～に嫁
　　ぐ」という形で使われる

头，　接受了　　陶德　　的　　求婚，　陶德　　给　　她　　戴上了
tóu,　jiēshòule　Táodé　de　qiúhūn,　Táodé　gěi　tā　dàishàngle

戒指*6。　陶德　　的　真心*7　感动了　吉娜　　的　　家人，　他们
jièzhi.　Táodé　de　zhēnxīn　gǎndòngle　Jínà　de　jiārén,　tāmen

也　　终于　　接受了　他。
yě　zhōngyú　jiēshòule　tā.

　　　　陶德　　去　留学　　的　那　　几　年，　吉娜　找了　一　份
　　　　Táodé　qù　liúxué　de　nà　jǐ　nián,　Jínà　zhǎole　yí　fèn

工作。　　有　一　天，　她　去　上班　　的　路上，　被　一
gōngzuò.　Yǒu　yì　tiān,　tā　qù　shàngbān　de　lùshang,　bèi　yí

辆　车　　撞　了。　吉娜　醒来　时，　看到　父母　　站在
liàng　chē　zhuàng　le.　Jínà　xǐnglái　shí,　kàndào　fùmǔ　zhànzài

床边，　　母亲　哭得　很　伤心。　她　本来　想　说　几
chuángbiān,　mǔqin　kūde　hěn　shāngxīn.　Tā　běnlái　xiǎng　shuō　jǐ

句　话　安慰　母亲，　可是　却　发现　自己　发不出　声音。
jù　huà　ānwèi　mǔqin,　kěshì　què　fāxiàn　zìjǐ　fābuchū　shēngyīn.

医生　告诉　她，　因为　大脑　受到　撞击*8，　她　已经　不
Yīshēng　gàosu　tā,　yīnwei　dànǎo　shòudào　zhuàngjī,　tā　yǐjīng　bù

能　说话　了。看着　父母　伤心　难过，吉娜　却　什么
néng　shuōhuà　le.　Kànzhe　fùmǔ　shāngxīn　nánguò,　Jínà　què　shénme

也　说不了。她　忍不住　哭起来。
yě　shuōbuliǎo.　Tā　rěnbuzhù　kūqilai.

　　　　离开　医院　回到　家　后，吉娜　的　生活　又
　　　　Líkāi　yīyuàn　huídào　jiā　hòu,　Jínà　de　shēnghuó　yòu

回到了　过去，几乎　跟　以前　一样。可是，每　当
huídàole　guòqù,　jīhū　gēn　yǐqián　yíyàng.　Kěshì,　měi　dāng

电话　响起　的　时候，她　都　会　觉得　心里　难受得
diànhuà　xiǎngqǐ　de　shíhou,　tā　dōu　huì　juéde　xīnli　nánshòude

---

*6　戒指　jièzhi：「指輪」。"戴戒指"「指輪を
はめる」という動詞とのセットで覚えて
おこう

*7　真心　zhēnxīn：真心、本当の気持ち

*8　撞击　zhuàngjī：衝撃

像　　要　　被　　撕碎，　因为　　她　　再　　也　　不　　能　　和　　陶德
xiàng　yào　bèi　sīsuì,　yīnwei　tā　zài　yě　bù　néng　hé　Táodé

说话　　了。　吉娜　　仍然　　从　　心底　　里*9　爱着　　陶德,
shuōhuà　le.　Jínà　réngrán　cóng　xīndǐ　li　àizhe　Táodé,

但是　　她　　不　　愿意　　变成　　他　　的　　负担*10。吉娜　　给
dànshì　tā　bú　yuànyì　biànchéng　tā　de　fùdān.　Jínà　gěi

陶德　　写了　　一　　封　　信，　骗　　他　　说，　她　　不　　想　　再
Táodé　xiěle　yì　fēng　xìn,　piàn　tā　shuō,　tā　bù　xiǎng　zài

等下去，　已经　　有了　　新　　的　　恋人。吉娜　　把　　戒指　　还给了
děngxiaqu,　yǐjīng　yǒule　xīn　de　liànrén.　Jínà　bǎ　jièzhi　huángěile

陶德。　陶德　　收到　　信　　后，　不　　知道　　给　　她　　写了
Táodé.　Táodé　shōudào　xìn　hòu,　bù　zhīdào　gěi　tā　xiěle

多少　　封　　回信，　也　　不　　知道　　给　　她　　打了　　多少　　次
duōshao　fēng　huíxìn,　yě　bù　zhīdào　gěi　tā　dǎle　duōshao　cì

电话。　可是　　吉娜　　除了　　流泪，　做不了　　任何　　事。
diànhuà.　Kěshì　Jínà　chúle　liúlèi,　zuòbuliǎo　rènhé　shì.

　　吉娜　　的　　父母　　决定　　搬家，　希望　　女儿　　忘掉
　　Jínà　de　fùmǔ　juédìng　bānjiā,　xīwàng　nǚ'ér　wàngdiào

一切，　重新　　找到　　新　　的　　幸福。吉娜　　开始　　学习
yíqiè,　chóngxīn　zhǎodào　xīn　de　xìngfú.　Jínà　kāishǐ　xuéxí

手语*11，　过上了　　新　　的　　生活。　她　　每天　　都　　在　　告诉
shǒuyǔ,　guòshàngle　xīn　de　shēnghuó.　Tā　měitiān　dōu　zài　gàosu

自己，　必须　　要　　忘记　　陶德。
zìjǐ,　bìxū　yào　wàngjì　Táodé.

　　有　　一　　天，　一　　个　　朋友　　告诉　　吉娜，　陶德　　留学
　　Yǒu　yì　tiān,　yí　ge　péngyou　gàosu　Jínà,　Táodé　liúxué

回来　　了。吉娜　　拜托　　朋友　　不要　　把　　这　　几　　年　　发生
huílái　le.　Jínà　bàituō　péngyou　búyào　bǎ　zhè　jǐ　nián　fāshēng

＊9　从心底里 cóng xīndǐ li：心の底から
＊10　负担 fùdān：「負担」「お荷物」。精神的あるいは経済的な意味のどちらにも言える
＊11　手语 shǒuyǔ：手話
＊12　请柬 qǐngjiǎn：「招待状」。「招待状を出す」は "发fā请柬" と言う

＊13　承诺 chéngnuò：約束、約束する

的 事 告诉 陶德。
de shì gàosu Táodé.

就 这样， 一 年 过去 了。 朋友 又 来到 吉娜
Jiù zhèyàng, yì nián guòqù le. Péngyou yòu láidào Jínà

家， 手里 拿着 陶德 的 结婚 请柬*12。 吉娜 惊讶 地
jiā, shǒuli názhe Táodé de jiéhūn qǐngjiǎn. Jínà jīngyà de

发现， 请柬 上 竟然 写着 她 的 名字。 几 分钟
fāxiàn, qǐngjiǎn shang jìngrán xiězhe tā de míngzi. Jǐ fēnzhōng

后， 陶德 出现在 她 的 面前。 他 用 手语 对
hòu, Táodé chūxiànzài tā de miànqián. Tā yòng shǒuyǔ duì

吉娜 说：“我 一直 没有 忘记 我 对 你 的
Jínà shuō: "Wǒ yìzhí méiyou wàngjì wǒ duì nǐ de

承诺*13。 为了 告诉 你 这 一 点， 我 用 一 年 的
chéngnuò. Wèile gàosu nǐ zhè yì diǎn, wǒ yòng yì nián de

时间 学会了 手语。 我 想 要 成为 你 的 声音。
shíjiān xuéhuìle shǒuyǔ. Wǒ xiǎng yào chéngwéi nǐ de shēngyīn.

我 爱 你。” 说完 这些， 他 重新 给 吉娜 戴上了
Wǒ ài nǐ." Shuōwán zhèxiē, tā chóngxīn gěi Jínà dàishàngle

戒指。 吉娜 终于 幸福 地 笑起来。
jièzhi. Jínà zhōngyú xìngfú de xiàoqilai.

日本語訳

ジーナがトッドと付き合うことに、ジーナの家族は最初から反対していました。ジーナの両親は、彼の家がとても貧しいので、彼と一緒にいるとジーナは一生苦労することになると言いました。でもジーナはトッドを深く愛し、彼から離れませんでした。

2、3年後、トッドは大学を卒業し、海外に留学することを決めました。出発する前、彼はジーナにプロポーズして、「僕は言葉で表現するのがあまり得意じゃない。でも君を愛していることだけは確かだ。君がよければ、僕は一生涯君のそばにいて、君を守るよ。君の家族が僕を気に入らないのは知っているけど、気に入ってもらえるようできるだけの努力をする。僕と結婚してくれますか?」と言いました。ジーナはそれを受け入れました。そしてトッドは彼女の指に指輪をはめました。トッドの強い熱情に負け、ジーナの家族もついに折れました。

　トッドが留学している数年の間に、ジーナは仕事を見つけました。ある日、ジーナは仕事に向かう途中で、車にはねられてしまいました。目が覚めたとき、両親がベッドの横にいるのが見えました。母親がひどく泣いているのを見て、彼女は慰めようとしました。しかし、すぐに自分は声を発することができないことに気付きました。脳に加わった衝撃によって声を失ってしまったのだと医者に言われました。両親が悲しんでいるのを見ているのに話すこともできず、彼女は泣きました。

　退院したとき、すべては以前と同じように感じましたが、ただ一つ、電話の鳴る音を聞くときだけは、トッドと話せないという事実に毎回胸が張り裂けそうになりました。

　もちろん、ジーナはトッドのことを変わらず心の底から愛していましたが、彼に迷惑を掛けたくなくて、彼女は、もうあなたを待つのに疲れたし、新しい恋人ができたといううその手紙を書きました。そして指輪を返しました。トッドは彼女に数え切れないほどの返事を送り、彼女と話すために何度も電話をかけましたが、ジーナにできたのはただ泣くことだけでした。

　ジーナの両親は、やがて彼女がすべてを忘れて新たに幸せになってくれることを願い、引っ越すことを決めました。ジーナは手話を学び、新たな生活を始めました。彼女は毎日自分に、トッドを忘れなければいけないと言い聞かせました。

　ある日、友人からトッドが留学から戻ってきたと聞きました。ジーナはその友人に、彼女にあったことを彼に話さないように頼みました。

　一年が過ぎ、トッドの結婚式の招待状が入った封筒を持って友人がやって来ました。その招待状を見ると、自分の名前が書いてあるのが目に入り、びっくりしました。そのすぐ後に、彼女の目の前には彼が立っているのが見えました。彼は手話で、「君との約束を忘れていないことを伝えるため、手話を身に付けるのに一年かかったよ。君の声になりたいんだ。君を愛しているよ」と告げました。そして、彼はあの指輪を彼女の指に再びはめました。ジーナはついに微笑みました。

このストーリーのポイント

「愛はすべてに打ち勝つ」。多くの人は、真実の愛はすべてを可能にし、本当に誰かを愛している人は、二人が幸せになるためにできる限りのことをするだろうと信じています。

洗濯婦の息子

洗衣工*1的儿子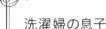
Xǐyīgōng de érzi

成績優秀な青年が、大企業の管理職に応募した。面接で母親の職業を問われた青年は、洗濯婦だと答える。すると取締役は青年に、家に帰ったらあることをして、もう一度面接に来るように言うのだった……。

一 位 非常 优秀 的 青年 来到 一 家 大
Yí wèi fēicháng yōuxiù de qīngnián láidào yì jiā dà
企业 找 工作。 他 成功 地 通过*2 第 一 次
qǐyè zhǎo gōngzuò. Tā chénggōng de tōngguò dì yī cì
面试*3 后, 公司 的 董事*4 来 对 他 进行 最后 的
miànshì hòu, gōngsī de dǒngshì lái duì tā jìnxíng zuìhòu de
面试。
miànshì.

董事 看了 看 青年 的 简历*5, 从 高中 到
Dǒngshì kànle kàn qīngnián de jiǎnlì, cóng gāozhōng dào
大学, 再 到 研究生院, 成绩 一直 非常 优秀。
dàxué, zài dào yánjiūshēngyuàn, chéngjì yìzhí fēicháng yōuxiù.

＊1 洗衣工 xǐyīgōng：クリーニング工、洗濯婦
＊2 通过 tōngguò：「通過する」「パスする」。ほかに「通過させる」「採択する」という他動詞の用法もある
＊3 面试 miànshì：「面接試験」。「面接試験を受ける」は"接受jiēshòu面试"と言う
＊4 董事 dǒngshì：「重役」「取締役」。私立学校などであれば「理事」の意味にもなり、"董事长dǒngshìzhǎng"は「代表取締役」や「理事長」
＊5 简历 jiǎnlì：履歴書、プロフィール

董事　问　青年："你　在　学校　里　拿过　奖学金*6
Dǒngshì wèn qīngnián: "Nǐ zài xuéxiào li náguo jiǎngxuéjīn

吗？"　青年　回答："没有，一　次　都　没　拿过。"
ma?" Qīngnián huídá: "Méiyou, yí cì dōu méi náguo."

董事　又　问："那么，你　上学　的　费用　是　你
Dǒngshì yòu wèn: "Nàme, nǐ shàngxué de fèiyòng shì nǐ

父亲　付　的　吗？"　青年　说："不，是　我　母亲　付
fùqin fù de ma?" Qīngnián shuō: "Bù, shì wǒ mǔqin fù

的。我　的　父亲　在　我　一　岁　时　去世　了。"
de. Wǒ de fùqin zài wǒ yí suì shí qùshì le."

董事　听了，继续　问　青年："你　的　母亲　做
Dǒngshì tīngle, jìxù wèn qīngnián: "Nǐ de mǔqin zuò

＊6　奖学金　jiǎngxuéjīn：「奨学金」。「奨学金
　　を申し込む」は "申请shēnqǐng 奖学金" と
　　言う。経済的に困難な学生に対する補助
　　金 "助学金 zhùxuéjīn" のうち、返済の必
　　要がないものを指す

什么 工作？" 青年 回答："她 是 一 名 洗衣工。"
shénme gōngzuò?" Qīngnián huídá: "Tā shì yì míng xǐyīgōng."

董事 让 青年 伸出 手。青年 的 手 非常
Dǒngshì ràng qīngnián shēnchū shǒu. Qīngnián de shǒu fēicháng

光滑 *7， 没有 受过 一点儿 伤。
guānghuá, méiyou shòuguo yìdiǎnr shāng.

然后， 董事 问出了 下 一 个 问题："你 有
Ránhòu, dǒngshì wènchūle xià yí ge wèntí: "Nǐ yǒu

没有 帮 你 的 母亲 洗过 衣服？" 青年 回答
méiyou bāng nǐ de mǔqin xǐguo yīfu?" Qīngnián huídá

"没有。" 青年 说，母亲 总是 让 他 好好儿 学习，
"méiyou." Qīngnián shuō, mǔqin zǒngshì ràng tā hǎohāor xuéxí,

多 读书。"而且，" 青年 还 说，"母亲 洗 衣服 洗得
duō dúshū. "Érqiě," qīngnián hái shuō, "Mǔqin xǐ yīfu xǐde

比 我 快 多 了。"
bǐ wǒ kuài duō le."

董事 听 后， 对 青年 说："我 有 一 个
Dǒngshì tīng hòu, duì qīngnián shuō: "Wǒ yǒu yí ge

要求。请 你 今天 回 家 后， 帮 你 的 母亲 洗
yāoqiú. Qǐng nǐ jīntiān huí jiā hòu, bāng nǐ de mǔqin xǐ

一 次 手。然后， 明天 一早， 你 再 来 见 我。"
yí cì shǒu. Ránhòu, míngtiān yìzǎo, nǐ zài lái jiàn wǒ."

青年 没有 想到 董事 竟然 这么 快 就 要
Qīngnián méiyou xiǎngdào dǒngshì jìngrán zhème kuài jiù yào

再 见 他 一 次， 心里 开心坏 了。他 觉得 他 很
zài jiàn tā yí cì, xīnli kāixīnhuài le. Tā juéde tā hěn

有 可能 得到 这 份 工作。
yǒu kěnéng dédào zhèi fèn gōngzuò.

---

*7 光滑 guānghuá：すべすべしている、滑
らかである

青年　　回到　　家，　开开心心　　地　　对　　母亲　　说了　　面试
Qīngnián　huídào　jiā,　kāikāixīnxīn　de　duì　mǔqin　shuōle　miànshì

的　事。他　说："妈，　让　我　帮　你　洗洗　手　吧。"
de　shì. Tā　shuō:　"Mā,　ràng　wǒ　bāng　nǐ　xǐxi　shǒu　ba."

母亲　　虽然　　感到　　有点儿　　奇怪，　但　　想到　　能　　帮助
Mǔqin　suīrán　gǎndào　yǒudiǎnr　qíguài,　dàn　xiǎngdào　néng　bāngzhù

儿子　　通过　　面试，　她　还是　很　高兴。母亲　把　手
érzi　tōngguò　miànshì,　tā　háishi　hěn　gāoxìng. Mǔqin　bǎ　shǒu

伸给了　　儿子，儿子　开始　认认真真　　地　帮　她　洗　手。
shēngěile　érzi,　érzi　kāishǐ　rènrènzhēnzhēn　de　bāng　tā　xǐ　shǒu.

这　时，儿子　才　第　一　次　注意到　母亲　的　手
Zhè　shí,　érzi　cái　dì　yī　cì　zhùyìdào　mǔqin　de　shǒu

竟然　　这么　　粗糙*8，还　受了　很　多　伤。而且，这些
jìngrán　zhème　cūcāo,　hái　shòule　hěn　duō　shāng. Érqiě,　zhèxiē

伤　看上去　很　痛。每　次　他　摸到　它们，母亲
shāng　kànshangqu　hěn　tòng. Měi　cì　tā　mōdào　tāmen,　mǔqin

的　手　就　会　忍不住　动一动。
de　shǒu　jiù　huì　rěnbuzhù　dòngyidòng.

青年　　终于　　明白　了，这　就　是　母亲　送　他
Qīngnián　zhōngyú　míngbai　le,　zhè　jiù　shì　mǔqin　sòng　tā

上学　　的　代价*9。为了　让　他　顺利　毕业，为了　让
shàngxué　de　dàijià. Wèile　ràng　tā　shùnlì　bìyè,　wèile　ràng

他　取得　好　成绩，也　为了　让　他　有　一　个　美好
tā　qǔdé　hǎo　chéngjì,　yě　wèile　ràng　tā　yǒu　yí　ge　měihǎo

的　未来，母亲　的　手上　全　都　是　伤。
de　wèilái,　mǔqin　de　shǒushang　quán　dōu　shì　shāng.

帮　　母亲　洗完　手，青年　拿来了　润肤霜*10，
Bāng　mǔqin　xǐwán　shǒu,　qīngnián　náláile　rùnfūshuāng,

＊8　粗糙　cūcāo：がさがさしている、きめが
　　粗い
＊9　代价　dàijià：「代償」「対価」。「代償を払
　　う」は "付出 fùchū 代价" と言う
＊10　润肤霜　rùnfūshuāng：保湿クリーム、ス
　　キンクリーム

仔仔细细 地 涂*11在 母亲 粗糙 的 手上。 然后， 他
zǐzǐxìxì de túzài mǔqin cūcāo de shǒushang. Ránhòu, tā

什么 也 没 说， 帮 母亲 洗完了 剩下 的 衣服。
shénme yě méi shuō, bāng mǔqin xǐwánle shèngxià de yīfu.

那 天 晚上， 青年 陪 母亲 聊天儿， 第 一 次
Nà tiān wǎnshang, qīngnián péi mǔqin liáotiānr, dì yī cì

聊到 很 晚。
liáodào hěn wǎn.

第 二 天 一早， 青年 再 次 来 见 董事。
Dì èr tiān yìzǎo, qīngnián zài cì lái jiàn dǒngshì.

董事 问：“怎么样？ 你 昨天 晚上 做了 什么？”
Dǒngshì wèn: "Zěnmeyàng? Nǐ zuótiān wǎnshang zuòle shénme?"

青年 回答， 先 帮 母亲 洗了 手， 然后 再 帮
Qīngnián huídá, xiān bāng mǔqin xǐle shǒu, ránhòu zài bāng

她 洗完了 昨天 需要 洗 的 衣服。
tā xǐwánle zuótiān xūyào xǐ de yīfu.

董事 问 青年 有 没有 什么 想法。 青年
Dǒngshì wèn qīngnián yǒu méiyǒu shénme xiǎngfǎ. Qīngnián

说：“我 学会了 感谢。 如果 没有 母亲， 就 不 会
shuō: "Wǒ xuéhuìle gǎnxiè. Rúguǒ méiyǒu mǔqin, jiù bú huì

有 现在 的 我。 帮 母亲 洗 衣服， 让 我 第 一
yǒu xiànzài de wǒ. Bāng mǔqin xǐ yīfu, ràng wǒ dì yī

次 知道 母亲 的 工作 有 多么 辛苦。 同时， 我
cì zhīdao mǔqin de gōngzuò yǒu duōme xīnkǔ. Tóngshí, wǒ

也 明白了 家人 有 多么 重要。”
yě míngbaile jiārén yǒu duōme zhòngyào."

董事 听了， 对 青年 说：“我们 这 份 工作，
Dǒngshì tīngle, duì qīngnián shuō: "Wǒmen zhèi fèn gōngzuò,

---

*11 涂 tú：塗る

需要　　的　　正　　是　　你　　这样　　的　　人。你　　懂得 *12　感谢
xūyào　　de　　zhèng shì　nǐ　zhèyàng　de　　rén. Nǐ　dǒngde　　gǎnxiè

别人，　能够　　看到　　别人　　完成　　工作　　的　辛苦。你
biérén,　nénggòu　kàndào　biérén　wánchéng　gōngzuò　de　xīnkǔ. Nǐ

被　　录用 *13　了。"
bèi　　lùyòng　　le."

　　那　　之后，　青年　　一　　天　　都　　没有　　忘记过　　母亲
　　Nà　zhīhòu,　qīngnián　yì　tiān　dōu　méiyou　wàngjìguo　mǔqin

的　手。他　努力　　工作，　受　　同事　　尊重。　　同事们
de　shǒu. Tā　nǔlì　gōngzuò,　shòu　tóngshì　zūnzhòng.　Tóngshìmen

也　跟　他　一样，努力　　工作，　互相　　帮助。　就　　这样，
yě　gēn　tā　yíyàng,　nǔlì　gōngzuò,　hùxiāng　bāngzhù. Jiù　zhèyàng,

公司　　的　业绩 *14　越　　来　　越　　好。
gōngsī　de　yèjì　　yuè　lái　yuè　hǎo.

＊12　懂得　dǒngde：「理解する」「分かる」。"懂"
　　　と意味はほぼ同じだが、後に動詞フレー
　　　ズをとることが多い
＊13　录用　lùyòng：採用する、任用する
＊14　业绩　yèjì：業績

　優れた学歴を持つある青年が、大企業の求人に応募しました。彼は一次面接に合格し、最終決定を下す立場の取締役との面接に臨みました。

　取締役が青年の履歴書に目を通すと、高校から大学、そして大学院に至るまで、一貫して優秀な成績でした。

　取締役は、「学校で奨学金を受けていましたか？」と質問しました。青年は、「いいえ、全く受けておりません」と答えました。

　「では、学費を支払ったのはお父さんですか？」と取締役が続けました。「いいえ、母です」と青年は言いました。「父は、私が1歳のときに亡くなりました」

　「お母さんは何のお仕事をされていますか？」と取締役が尋ねました。「洗濯婦をしております」という答えが返ってきました。取締役は青年に両手を見せてくださいと言いました。青年は両手を差し出しました。手はすべすべしていて、傷一つありませんでした。

　「お母さんが洗濯をするのを手伝ったことはありますか？」というのが次の質問でした。答えは、「いいえ」でした。青年は、母はいつも自分には、勉強してたくさんの本を読むことを望んでいたのだと言いました。「それに」と青年は付け加えました。「母の方が私よりずっと速く服を洗えますから」

　取締役は、「一つやってほしいことがあります。今日家に帰ったら、お母さんの手を洗ってあげてください。そして明日の朝一番に、もう一度私に会いに来てください」と言いました。

　青年は、取締役にもう一度、しかもこんなに早く面接をしてもらえることがうれしくてたまりませんでした。彼は、その仕事に就ける可能性は高いと感じました。

　家に帰ると、彼は上機嫌で面接のことを話し、母親に手を洗わせてほしいと言いました。母親は不思議に思いましたが、喜んで息子の面接の手助けをしようと思いました。母親が手を差し出すと、息子は丁寧に洗い始めました。

　このとき初めて、彼は母親の手がこんなにもがさがさして傷だらけであることに気付いたのでした。傷はとても痛々しく、彼が触ると母親の手はビクッとしました。

　自分を学校に行かせるために母親が払った代償について、青年はようやく思いをはせたのです。自分が卒業するために、良い成績を取るために、そして将来のために、母の手は傷だらけになっていました。

　手を洗い終わると、彼はスキンクリームを持ってきて、母親の荒れた手にすみずみまで塗ってあげました。それから何も言わず、その日の残りの洗濯物を母親の代わりに洗いました。その夜初めて、彼と母親は夜遅くまで語り合いました。

　次の朝、青年は再び役員室に現れました。取締役は、「それで、昨夜は何をしましたか？」と

質問しました。青年は、母親の手を洗い、それからその日一日分の洗濯物も全て洗ったと答え
ました。

　取締役は彼にどう感じたか尋ねました。青年は、「感謝することを学びました。母がいなけ
れば、今の私はないと思います。母を手伝うことで、母の仕事が、どれだけ大変かということ
に気付きました。また、家族のありがたみも感じました」と言いました。

　取締役は言いました。「あなたのような人にこの仕事に就いてほしいのです。他人に感謝し、
何事も、実際に成し遂げるにはどれほどの労力を要するのかを分かっている人に。あなたを
採用します」

　それ以来、青年は一日たりとも母親の手を忘れることはありませんでした。彼は懸命に働き、
同僚から尊敬されました。同僚もまた彼と同じように懸命に働き、互いに助け合いました。こ
うして会社の業績はどんどん良くなっていったのでした。

このストーリーのポイント

当たり前のように学校に通い大学院まで出た主人公ですが、その陰には母の大変な苦労があり
ました。「当たり前」を支えくれる存在に気づくのは意外にも簡単ではないのです。

わたしの母

我的母亲

Wǒ de mǔqin

片目しかなかった母親を恥ずかしく思っていた息子は、良心の呵責を覚えながらも、物心が付いたときから母親にきつく当たっていた。そして、その態度は成長してからも一向に変わることはなく……。

我	的	母亲	只	有	一	只	眼睛。	过去	她	曾经
Wǒ	de	mǔqin	zhǐ	yǒu	yì	zhī	yǎnjing.	Guòqù	tā	céngjīng

也	有	两	只	眼睛,	但是	我	已经	记不得	那	时候
yě	yǒu	liǎng	zhī	yǎnjing,	dànshì	wǒ	yǐjīng	jìbude	nà	shíhou

的	事。	小时候,	看着	母亲	没有了	眼球*1	的	眼睛,
de	shì.	Xiǎoshíhou,	kànzhe	mǔqin	méiyǒule	yǎnqiú	de	yǎnjing,

我	感到	很	害怕。	每	次	被	人	看见	我	和	母亲
wǒ	gǎndào	hěn	hàipà.	Měi	cì	bèi	rén	kànjiàn	wǒ	hé	mǔqin

在	一起,	我	总是	想	藏起来。	虽然	我	也	爱	我
zài	yìqǐ,	wǒ	zǒngshì	xiǎng	cángqilai.	Suīrán	wǒ	yě	ài	wǒ

的	母亲,	但	少*2了	一	只	眼睛	的	母亲	让	我
de	mǔqin,	dàn	shǎole	yì	zhī	yǎnjing	de	mǔqin	ràng	wǒ

---

*1 眼球 yǎnqiú：「目玉」。目は通常1対のものを数える量詞"双shuāng"を使うが、この文章では1つずつ数えるため"只zhī"を使っている

*2 少 shǎo：欠ける

102

感到　　难为情*3。
gǎndào　nánwéiqíng.

有　一　天，我　和　母亲　一起　去　商场，遇见了
Yǒu yì tiān, wǒ hé mǔqin yìqǐ qù shāngchǎng, yùjiànle

几　个　同学。他们　指着　我　的　母亲　笑起来。第　二
jǐ ge tóngxué. Tāmen zhǐzhe wǒ de mǔqin xiàoqilai. Dì èr

天，我　到　学校　后，一　个　同学　大声　对　我
tiān, wǒ dào xuéxiào hòu, yí ge tóngxué dàshēng duì wǒ

说："你　的　妈妈　只　有　一　只　眼!"其他　同学
shuō: "Nǐ de māma zhǐ yǒu yì zhī yǎn!" Qítā tóngxué

听了，全　都　笑起来。我　心里　非常　难过，只　想
tīngle, quán dōu xiàoqilai. Wǒ xīnli fēicháng nánguò, zhǐ xiǎng

---

*3　难为情 nánwéiqíng：恥ずかしい、ばつが
　　悪い

找 一 个 没有 人 的 地方 藏起来。回 家 后，我
zhǎo yí ge méiyǒu rén de dìfang cángqilai. Huí jiā hòu, wǒ

把 这 件 事 告诉了 母亲。我 对 母亲 说："我
bǎ zhèi jiàn shì gàosule mǔqin. Wǒ duì mǔqin shuō: "Wǒ

非常 难为情。以后 再 也 不 想 和 你 一起
fēicháng nánwéiqíng. Yǐhòu zài yě bù xiǎng hé nǐ yìqǐ

出门 了。"虽然 我 知道 这样 说 很 对不起 母亲，
chūmén le." Suīrán wǒ zhīdao zhèyàng shuō hěn duìbuqǐ mǔqin,

但是 我 不 想 再 被 同学们 嘲笑*4。那 时 的
dànshì wǒ bù xiǎng zài bèi tóngxuémen cháoxiào. Nà shí de

我 完全 没有 考虑 母亲 的 心情。
wǒ wánquán méiyou kǎolǜ mǔqin de xīnqíng.

后来，我 离开了 家，不 想 再 和 母亲 有
Hòulái, wǒ líkāile jiā, bù xiǎng zài hé mǔqin yǒu

任何 联系。我 努力 学习，去 国外 留学。过了 几
rènhé liánxì. Wǒ nǔlì xuéxí, qù guówài liúxué. Guòle jǐ

年，我 结了 婚，买了 房，还 有了 自己 的 孩子。
nián, wǒ jiéle hūn, mǎile fáng, hái yǒule zìjǐ de háizi.

我 对 我 的 生活、家庭 和 孩子 都 很 满意。
Wǒ duì wǒ de shēnghuó, jiātíng hé háizi dōu hěn mǎnyì.

有 一 天，母亲 突然 来到 我 的 家。我 和 她
Yǒu yì tiān, mǔqin tūrán láidào wǒ de jiā. Wǒ hé tā

已经 有 许多 年 没有 见面，她 从来 没有
yǐjīng yǒu xǔduō nián méiyou jiànmiàn, tā cónglái méiyou

见过 她 的 孙子 和 孙女*5。母亲 站在 门口，我
jiànguo tā de sūnzi hé sūnnǚ. Mǔqin zhànzài ménkǒu, Wǒ

的 两 个 孩子 一 看到 她，就 害怕得 哭起来。妻子
de liǎng ge háizi yí kàndào tā, jiù hàipàde kūqilai. Qīzi

---

*4 嘲笑 cháoxiào：あざ笑う、あざける
*5 孙女 sūnnǚ：「孫娘」。息子の娘のこと。
娘の娘は"外孙女 wàisūnnǚ"

听到　　　后，　　走出来，　　问　　我　　母亲：“你　　是　　谁？　　有
tīngdào　　hòu,　　zǒuchulai,　　wèn　wǒ　mǔqin:　“Nǐ　shì　shéi?　Yǒu

什么　　事　　吗？”　　母亲　　平静　　地　　回答：“对不起。　我
shénme　shì　ma?”　　Mǔqin　píngjìng　de　huídá:　“Duìbuqǐ.　Wǒ

搞错*6　　地址　　了。”　我　　站在　　窗边　　看着，母亲　　应该
gǎocuò　dìzhǐ　le.”　Wǒ　zhànzài　chuāngbiān　kànzhe,　mǔqin　yīnggāi

看到了　我，　可是　我　　没有　　动。　她　　转过　　身，　离开
kàndàole　wǒ,　kěshì　wǒ　méiyou　dòng.　Tā　zhuǎnguò　shēn,　líkāi

了。妻子　问　我，　有　　没有　　见过　　刚才　　站在　　门口
le.　Qīzi　wèn　wǒ,　yǒu　méiyou　jiànguo　gāngcái　zhànzài　ménkǒu

的　　女人。　我　　回答：“没有。”　我　　在　　心里　　对　　母亲
de　nǚrén.　Wǒ　huídá:　“Méiyou.”　Wǒ　zài　xīnli　duì　mǔqin

说了　　一　　声：　对不起。
shuōle　yì　shēng:　Duìbuqǐ.

　　　就　　这样，　又　　过了　　许多　　年。　有　　一　　天，　我
　　　Jiù　zhèyàng,　yòu　guòle　xǔduō　nián.　Yǒu　yì　tiān,　wǒ

收到　　老同学　　寄来　　的　　信，　邀请　　我　　回去　　参加
shōudào　lǎotóngxué　jìlái　de　xìn,　yāoqǐng　wǒ　huíqù　cānjiā

聚会。我　　平时　　总是　　对　　妻子　　说，　在　　家乡　　的
jùhuì.　Wǒ　píngshí　zǒngshì　duì　qīzi　shuō,　zài　jiāxiāng　de

时候　全　　都　　是　　不　　愉快　　的　　回忆，所以　　再　　也　　不
shíhou　quán　dōu　shì　bù　yúkuài　de　huíyì,　suǒyǐ　zài　yě　bù

想　　回去　　了。可是　这　　一　　次，我　　突然　　很　　想　　回去
xiǎng　huíqù　le.　Kěshì　zhè　yí　cì,　wǒ　tūrán　hěn　xiǎng　huíqù

看看。于是，我　　骗　　妻子　　说我　　要　　去　　出差，但
kànkan.　Yúshì,　wǒ　piàn　qīzi　shuō　wǒ　yào　qù　chūchāi,　dàn

其实　我　回了　　家乡。
qíshí　wǒ　huíle　jiāxiāng.

＊6　搞错　gǎocuò：間違える

聚会　结束　后，我　去了　以前　和　母亲　一起
Jùhuì jiéshù hòu, wǒ qùle yǐqián hé mǔqin yìqǐ

生活　的　房子。邻居　告诉　我，母亲　已经　死　了。
shēnghuó de fángzi. Línjū gàosu wǒ, mǔqin yǐjīng sǐ le.

他们　还　给了　我　一　封　信，说　是　母亲　写给　我
Tāmen hái gěile wǒ yì fēng xìn, shuō shì mǔqin xiěgěi wǒ

的。我　打开　信，读起来。一边　读，一边　流下了　悔恨*7
de. Wǒ dǎkāi xìn, dúqilai. Yìbiān dú, yìbiān liúxiàle huǐhèn

的　眼泪。就　这样，我　哭了　很　久　很　久。
de yǎnlèi. Jiù zhèyàng, wǒ kūle hěn jiǔ hěn jiǔ.

　　母亲　在　信里　写：
　　Mǔqin zài xìnli xiě:

　　我　最爱　的　儿子：
　　Wǒ zuì'ài de érzi:

你好。我　每　天　都　在　想　你。几　年　前，我
Nǐhǎo. Wǒ měi tiān dōu zài xiǎng nǐ. Jǐ nián qián, wǒ

去了　你　的　家，吓到了　你　的　两　个　孩子，真
qùle nǐ de jiā, xiàdàole nǐ de liǎng ge háizi, zhēn

对不起。
duìbuqǐ.

　　前　几　天，我　遇见了　你　的　老同学。他　告诉
　　Qián jǐ tiān, wǒ yùjiànle nǐ de lǎotóngxué. Tā gàosu

我，你　也　会　回来　参加　同学　聚会。我　听了　真　的
wǒ, nǐ yě huì huílái cānjiā tóngxué jùhuì. Wǒ tīngle zhēn de

很　开心。不过，我　最近　身体　不　好，只　能　躺在
hěn kāixīn. Búguò, wǒ zuìjìn shēntǐ bù hǎo, zhǐ néng tǎngzài

＊7　悔恨　huǐhèn：悔やむ、後悔する

床上， 可能 没 办法 去 见 你。
chuángshang, kěnéng méi bànfǎ qù jiàn nǐ.

过去， 你 常常 因为 我 而 觉得 难为情。 我
Guòqù, nǐ chángcháng yīnwei wǒ ér juéde nánwéiqíng. Wǒ

很 抱歉。 你 还 小 的 时候， 因为 一 次 意外，
hěn bàoqiàn. Nǐ hái xiǎo de shíhou, yīnwei yí cì yìwài,

失去了 一 只 眼睛。 我 是 你 的 妈妈， 实在 不
shīqùle yì zhī yǎnjing. Wǒ shì nǐ de māma, shízài bù

想 看着 你 一辈子 就 只 有 一 只 眼睛。 所以，
xiǎng kànzhe nǐ yíbèizi jiù zhǐ yǒu yì zhī yǎnjing. Suǒyǐ,

我 就 把 我 的 一 只 眼睛 给了 你。 这样， 别人
wǒ jiù bǎ wǒ de yì zhī yǎnjing gěile nǐ. Zhèyàng, biérén

就 不 会 嘲笑 你 了。 你 能 带着 妈妈 的 眼睛
jiù bú huì cháoxiào nǐ le. Nǐ néng dàizhe māma de yǎnjing

看 这个 世界， 妈妈 觉得 很 开心。
kàn zhèige shìjiè, māma juéde hěn kāixīn.

永远 爱 你 的 妈妈
yǒngyuǎn ài nǐ de māma

日本語訳

　私の母は片目しかありませんでした。彼女に両目があったときのことを私は覚えていません。まだ小さかったころ、私は母の眼球のない目におびえていました。母と一緒のところを見られると、私は隠れようとしたものでした。母のことは愛していたのですが、片目のない母が恥ずかしかったのです。

　ある日、私たちがショッピングモールに行くと、クラスメート数人にばったり会いました。彼らは母を指さして笑いました。翌日、学校でそのうちの一人が大声で、「お前の母さんは片目しかない！」と言ってみんなでまた笑いました。私は消えてしまいたいと思いました。家に帰ってから、私は母に学校であったことを話しました。私は、「僕はすごく恥ずかしい。もうお母さんとは一緒に出かけたくない」と言ったのです。そんなことを言って申し訳なく思いましたが、学校でほかの子どもたちに笑われるのが嫌でたまらなかったのです。私は母の気持ちを無視していました。

　その後私は家を出ました。母と関わりを持ちたくなかったのです。だから私は一生懸命勉強し、海外に留学するチャンスを得ました。時は過ぎ、私は結婚しました。自分の家も買いました。自分の子どもも生まれました。私は自分の暮らしや家庭、それに子どもたちに満足していました。

　ある日突然、母が私を訪ねてきました。母は何年も私に会っていませんでしたし、孫の顔を見たことがありませんでした。母が玄関先に立ったとき、子どもたちは母を見てショックを受けて泣き出しました。それを聞きつけた妻が玄関に出ました。彼女は、「あなた誰？　何か用？」と言いました。これに対して母は静かに答えました。「まあ、ごめんなさい。住所を間違えたようだわ」。私は窓から見ながらただ立ちつくしていました。母は私を見たと思いますが、私がそのまま動かずにいると、母はぐるっと向きを変えて行ってしまいました。妻に、玄関にいた女の人を見たことがあるかと聞かれた私は「ない」と答えましたが、心の中で母に詫びました。

　それから数年が過ぎました。ある日、昔のクラスメートとの集まりの案内が届きました。私はいつも妻に、故郷には良い思い出がないので二度と帰りたくないと言っていました。しかし、なぜかその集まりには行きたい気がして、妻には出張に行くとうそをつきました。

　集まりの後、私は昔母と住んでいた家を見に行きました。近所の人は、母は亡くなったと言いました。彼らは、母から私宛ての手紙を手渡してくれました。私は手紙を開いて読み始めました。読むうちに後悔の涙が溢れてきました。私はいつまでも泣き続けたのです。

　母の手紙はこうでした。

　最愛の息子へ、

　あなたのことをいつも思っています。数年前、あなたの家に行って子どもたちを驚かせて
しまってごめんなさいね。

　最近、あなたの昔のクラスメートに会ったのですが、あなたも同窓会に来ると言っていまし
た。それを聞いて、すごくうれしかったのよ。でも私は具合があまり良くないので、ベッドか
ら出てあなたに会いに行くことはできないかもしれません。

　あなたが子どものころ、いつもお母さんのことで恥ずかしい思いをさせてごめんなさい。あ
のね、あなたがまだとても小さかったころ、あなたは事故に遭って片目を失ったの。母親と
して、あなたが片目だけで生きて行かなければいけないのを見るのは耐えられなかった。だか
ら私の目を一つあげたのよ。こうすればあなたは、人に笑われないですむわ。あなたが私の目
と一緒に世界を見ることができるのでうれしかったわ。

永遠にあなたを愛する母より

このストーリーのポイント

　この母親は、息子が両目で世界を見ることができるように自分の片方の目を譲りましたが、そ
れを彼に伝えることすらしませんでした。やがて成長した息子は、その両目で亡き母からの手
紙を読み、過去の行いを悔いると同時に、誰よりも自分を大切に思う母親の愛情をようやく理
解したのです。

窓の外

窓外

Chuāngwài

寝たきりの二人の男性が、同じ病室に入院していた。その部屋には窓が一つだけあり、窓際の男性、ジョンは、一日に一時間は起き上がることを許されていた。ジョンはその時間にはいつも、窓の外に広がる美しい景色について、もう一人の男性に話して聞かせていたのだが……。

有　两　个　男人　生了　很　重　的　病，住在
Yǒu liǎng ge nánrén shēngle hěn zhòng de bìng, zhùzài

医院　的　同　一　个　房间。一　个　叫　约翰[*1]，一　个
yīyuàn de tóng yí ge fángjiān. Yí ge jiào Yuēhàn, yí ge

叫　弗兰克[*2]。约翰　每　天　下午　可以　坐起来　一　个
jiào Fúlánkè. Yuēhàn měi tiān xiàwǔ kěyǐ zuòqilai yí ge

小时，而　弗兰克　只　能　躺在　床上。他们　的
xiǎoshí, ér Fúlánkè zhǐ néng tǎngzài chuángshang. Tāmen de

房间　有　一　扇　窗，约翰　的　病床[*3]　就　在
fángjiān yǒu yí shàn chuāng, Yuēhàn de bìngchuáng jiù zài

窗户　旁边。
chuānghu pángbiān.

＊1　约翰 Yuēhàn：ジョン
＊2　弗兰克 Fúlánkè：フランク
＊3　病床 bìngchuáng：病院のベッド

两　个　人　经常　在　房间　里　聊天儿，一　聊
Liǎng　ge　rén　jīngcháng　zài　fángjiān　li　liáotiānr,　yì　liáo

就　是　好几　个　小时。他们　聊　自己　的　妻子，聊
jiù　shì　hǎojǐ　ge　xiǎoshí.　Tāmen　liáo　zìjǐ　de　qīzi,　liáo

家里　的　人，聊　家庭，聊　工作，还　聊　休息　时　会
jiāli　de　rén,　liáo　jiātíng,　liáo　gōngzuò,　hái　liáo　xiūxi　shí　huì

去　哪里　玩儿。
qù　nǎli　wánr.

每　天　下午，约翰　坐起来　的　时候，他　会　把
Měi　tiān　xiàwǔ,　Yuēhàn　zuòqilai　de　shíhou,　tā　huì　bǎ

看到　的　一切　全　都　说给　弗兰克　听。弗兰克　听
kàndào　de　yíqiè　quán　dōu　shuōgěi　Fúlánkè　tīng.　Fúlánkè　tīng

他 讲 窗 外 的 各 种 颜色， 讲 发生 的
tā jiǎng chuāng wài de gè zhǒng yánsè, jiǎng fāshēng de

各 种 事情， 他 感觉 自己 的 世界 也 变大 了。
gè zhǒng shìqing, tā gǎnjué zìjǐ de shìjiè yě biàndà le.

这 一 个 小时 成为了 弗兰克 活着 的 乐趣*4。
Zhè yí ge xiǎoshí chéngwéile Fúlánkè huózhe de lèqù.

约翰 告诉 弗兰克 窗 外 有 一 个 非常
Yuēhàn gàosu Fúlánkè chuāng wài yǒu yí ge fēicháng

漂亮 的 公园， 公园 里 有 一 个 湖。 他 说，
piàoliang de gōngyuán, gōngyuán li yǒu yí ge hú. Tā shuō,

有 几 个 孩子 在 湖里 玩儿 模型*5 船， 还 有
yǒu jǐ ge háizi zài húli wánr móxíng chuán, hái yǒu

鸭子*6 和 天鹅*7 在 湖里 游。 公园 里 开着 各
yāzi hé tiān'é zài húli yóu. Gōngyuán li kāizhe gè

种 颜色 的 花， 年轻 的 恋人*8 拉着 手 走在
zhǒng yánsè de huā, niánqīng de liànrén lāzhe shǒu zǒuzài

花园 里。 很 远 的 地方， 还 可以 看到 房子 和
huāyuán li. Hěn yuǎn de dìfang, hái kěyǐ kàndào fángzi hé

街道。 约翰 非常 仔细 地 说着 他 看到 的 一切，
jiēdào. Yuēhàn fēicháng zǐxì de shuōzhe tā kàndào de yíqiè,

弗兰克 闭*9 着 眼睛， 想象着 这些 美丽 的 风景。
Fúlánkè bìzhe yǎnjing, xiǎngxiàngzhe zhèxiē měilì de fēngjǐng.

就 这样， 一 天 又 一 天， 几 个 星期 过去
Jiù zhèyàng, yì tiān yòu yì tiān, jǐ ge xīngqī guòqù

了。
le.

有 一 天 早上， 照顾 他们 的 护士 送 水
Yǒu yì tiān zǎoshang, zhàogù tāmen de hùshi sòng shuǐ

---

*4 乐趣 lèqù：楽しみ
*5 模型 móxíng：模型
*6 鸭子 yāzi：アヒル。「カモ」は "野鸭 yěyā" と言う
*7 天鹅 tiān'é：ハクチョウ
*8 恋人 liànrén：恋人

*9 闭 bì：「閉じる」。「(目を) 閉じる」のほか、"闭幕 bìmù"「閉幕する」、"闭嘴 bìzuǐ"「黙る／黙れ」など熟語に使われることが多い。一般的にドアや窓などを「閉じる」には "关 guān" がよく使われる

112

给 他们 擦洗*10 身体 时， 发现 约翰 已经 死 了。 他
gěi tāmen cāxǐ shēntǐ shí, fāxiàn Yuēhàn yǐjīng sǐ le. Tā

在 睡梦*11 中 静静 地 离开了 这个 世界。 医院
zài shuìmèng zhōng jìngjìng de líkāile zhèige shìjiè. Yīyuàn

的 人 把 约翰 从 房间 里 搬了 出去。 弗兰克 问
de rén bǎ Yuēhàn cóng fángjiān li bānle chūqù. Fúlánkè wèn

护士， 他 可 不 可以 搬到 窗户 旁边 的 病床
hùshi, tā kě bù kěyǐ bāndào chuānghu pángbiān de bìngchuáng

上。 护士 按照 他 的 要求， 把 他 搬到了 窗边。
shang. Hùshi ànzhào tā de yāoqiú, bǎ tā bāndàole chuāngbiān.

她 确认 弗兰克 躺得 很 舒服 后， 离开 了。 房间
Tā quèrèn Fúlánkè tǎngde hěn shūfu hòu, líkāi le. Fángjiān

里 只 剩 弗兰克 一 个 人。
li zhǐ shèng Fúlánkè yí ge rén.

弗兰克 想 用 自己 的 眼睛 看一看 窗 外
Fúlánkè xiǎng yòng zìjǐ de yǎnjing kànyikàn chuāng wài

的 世界。 他 慢慢 地 转动*12 身体， 非常 小心
de shìjiè. Tā mànmàn de zhuǎndòng shēntǐ, fēicháng xiǎoxīn

地 把 体重*13 转到 一边 的 腿上。 他 又 兴奋
de bǎ tǐzhòng zhuǎndào yìbiān de tuǐshang. Tā yòu xīngfèn

又 激动 地 往 窗 外 看， 可是 窗 外 什么
yòu jīdòng de wǎng chuāng wài kàn, kěshì chuāng wài shénme

也 没有， 只 能 看到 一 面 墙。
yě méiyǒu, zhǐ néng kàndào yí miàn qiáng.

后来， 弗兰克 告诉 护士， 以前 约翰 经常 给 他
Hòulái, Fúlánkè gàosu hùshi, yǐqián Yuēhàn jīngcháng gěi tā

讲 窗 外 的 世界，那 是 一 个 非常 美丽 的
jiǎng chuāng wài de shìjiè, nà shì yí ge fēicháng měilì de

＊10 擦洗 cāxǐ：「(ぬらした布などで) 拭く」。
文脈によっては「こすり洗いする」の意
味にもなる
＊11 睡梦 shuìmèng：深い眠り
＊12 转动〜 zhuǎndòng：「〜を動かす」「〜の
向きを変える」。この場合は "zhuǎndòng"

と読む。"zhuàndòng" と読めば「回転す
る」の意味になる
＊13 体重 tǐzhòng：体重

世界。 可是 护士 告诉 他, 约翰 眼睛 看不见, 连 这
shìjiè. Kěshì hùshi gàosu tā, Yuēhàn yǎnjing kànbujiàn, lián zhèi

面 墙 都 看不到。 护士 说: "约翰 说 的 虽然
miàn qiáng dōu kànbudào. Hùshi shuō: "Yuēhàn shuō de suīrán

不 是 真 的, 但是 他 一定 希望 用 这 种
bú shì zhēn de, dànshì tā yídìng xīwàng yòng zhèi zhǒng

方法 鼓励 你 活下去。"
fāngfǎ gǔlì nǐ huóxiaqu."

日本語訳

　共に深刻な病を抱えている二人の男性が、一つの病室に入院していました。一人はジョン、もう一人はフランクといいました。ジョンは毎日午後に一時間、ベッドから起き上がることを許されていましたが、フランクは常に仰向けで寝ていなければいけませんでした。その部屋には窓が一つしかなく、ジョンのベッドはその窓辺にありました。

　二人は何時間もおしゃべりしたものでした。彼らは自分の妻や家族、家、仕事、そして休暇で行った場所などについて話しました。

　ジョンは、ベッドから起き上がることを許されている午後になると毎日、フランクに窓から見えるものすべてを説明して過ごしたものでした。フランクは、外の世界の色や活動すべてについて聞くことで、自分の世界が広がるその一時間を楽しみに生きるようになりました。

　ジョンはすてきな湖のある公園の説明をしました。彼は、子どもたちがボートの模型を浮かべて走らせている湖でアヒルや白鳥が遊んでいる様子を教えました。色とりどりの花が咲き、若い恋人たちが腕を組んで歩いており、遠くにはすてきな町の景色が見えました。ジョンがこれらのすべてを細かく説明するとき、フランクは目を閉じてその美しい情景を想像したものでした。

　数日が経ち、そして数週間が経ちました。

　ある朝、担当の看護師が、二人の体を拭くための水を持って病室に入ると、ジョンが寝ている間に静かに死んでしまったのを発見しました。ジョンの遺体は、病院のスタッフによって部屋から運び出されました。フランクはすぐに窓の隣に移してもらえるかどうか聞きました。看護師はその願いどおり彼を窓際の場所に移し、彼の姿勢が楽なことを確かめた後、出て行きました。病室にはフランク一人が残されました。

　外の世界を自分の目で見ようと、フランクはゆっくりと体の向きを変え、注意深く体重を一

方の足に移しました。そして、どきどき、わくわくしながら窓の外に目をやりました。しかし窓の外にはただ何もない壁があるだけでした。

　フランクは看護師に、ジョンがこの窓の外の素晴らしい世界をいかに描写してくれたか話しました。看護師は、ジョンは目が不自由で、その壁さえ見えていなかっただろうと言いました。彼女は、「ジョンの話は真実ではなかったけど、たぶん彼はあなたをただただ元気づけたかったんじゃないかしら」と言いました。

このストーリーのポイント

もちろん、ちょっとした親切な行為はいつでも良いことです。そしてこの話は想像力の大切さも強調しています。その盲目の男性は、自分の記憶と想像力を駆使して、同室の男性のために美しい光景を作り出したのです。

一杯の牛乳

一杯牛奶 (Track 017)

Yì bēi niúnǎi

おなかをすかせていた貧しい少年は、心優しい女性に一杯の牛乳を恵んでもらい大きな励ましを与えられる。時が経ち……。

有 一 个 小 男孩儿 家里 很 穷, 为了 自己
Yǒu yí ge xiǎo nánháir jiāli hěn qióng, wèile zìjǐ

赚钱 读书, 只 能 在 家 附近 一 家 一 家 地
zhuànqián dúshū, zhǐ néng zài jiā fùjìn yì jiā yì jiā de

敲 门 卖 糖果。 有 一 天, 他 像 平时 一样,
qiāo mén mài tángguǒ. Yǒu yì tiān, tā xiàng píngshí yíyàng,

在 外面 卖 糖果, 忽然 觉得 肚子 饿极 了。 可是,
zài wàimiàn mài tángguǒ, hūrán juéde dùzi èjí le. Kěshì,

他 身上 只 有 一 美元。 小 男孩儿 来到 下 一
tā shēnshang zhǐ yǒu yì měiyuán. Xiǎo nánháir láidào xià yí

扇 门 前, 想着 敲开 这 扇 门 后, 一定 要
shàn mén qián, xiǎngzhe qiāokāi zhèi shàn mén hòu, yídìng yào

向　　里面　的　人　要　一些　吃　的。　当　一　位
xiàng　lǐmiàn　de　rén　yào　yìxiē　chī　de.　Dāng　yí　wèi

中年　　女人　打开　门　时，他　差点儿　就　要　开口
zhōngnián　nǚrén　dǎkāi　mén　shí,　tā　chàdiǎnr　jiù　yào　kāikǒu

了，　可是　突然　又　觉得　很　不　好意思。　小　男孩儿
le,　kěshì　tūrán　yòu　juéde　hěn　bù　hǎoyìsi.　Xiǎo　nánháir

没有　向　她　要　吃　的，只是　要了　一　杯　水。女人
méiyou　xiàng　tā　yào　chī　de,　zhǐshì　yàole　yì　bēi　shuǐ.　Nǚrén

家里　也　不　富裕*1，但　她　看出来　小　男孩儿　　好像
jiāli　yě　bú　fùyù,　dàn　tā　kànchulai　xiǎo　nánháir　hǎoxiàng

饿　了，所以　拿了　一　只　大大　的　杯子，给　他　倒了
è　le,　suǒyǐ　nále　yì　zhī　dàdà　de　bēizi,　gěi　tā　dàole

＊1　富裕　fùyù：裕福である

一 杯 牛奶。
yì bēi niúnǎi.

小 男孩儿 慢慢 地 喝完 牛奶， 对 女人 说：
Xiǎo nánháir mànmàn de hēwán niúnǎi, duì nǚrén shuō:

"阿姨， 对不起， 我 身上 只 有 这 一点儿 钱。" 他
"Āyí, duìbuqǐ, wǒ shēnshang zhǐ yǒu zhè yìdiǎnr qián." Tā

说着， 从 口袋 *2 里 拿出了 一 美元。 可是， 女人
shuōzhe, cóng kǒudai li náchūle yì měiyuán. Kěshì, nǚrén

却 对 他 说："你 不必 给 我 钱。 我 的 母亲
què duì tā shuō:"Nǐ búbì gěi wǒ qián. Wǒ de mǔqin

教导过 我， 帮助 别人 是 不 应该 收 钱 的。
jiàodǎoguo wǒ, bāngzhù biérén shì bù yīnggāi shōu qián de.

将来， 你 一定 会 变得 很 厉害， 成为 一 个
Jiānglái, nǐ yídìng huì biànde hěn lìhai, chéngwéi yí ge

非常 优秀 的 人。" 小 男孩儿 离开 女人 家 的
fēicháng yōuxiù de rén." Xiǎo nánháir líkāi nǚrén jiā de

时候， 他 感到 身上 充满了 力量。 这 位 善良
shíhou, tā gǎndào shēnshang chōngmǎnle lìliang. Zhèi wèi shànliáng

的 阿姨 深深 地 鼓励了 他。
de āyí shēnshēn de gǔlìle tā.

这 天 过 后， 女人 经常 想起 这个 小
Zhèi tiān guò hòu, nǚrén jīngcháng xiǎngqǐ zhèige xiǎo

男孩儿， 想起 这 一 天 发生 的 事。 女人 没有
nánháir, xiǎngqǐ zhè yì tiān fāshēng de shì. Nǚrén méiyǒu

孩子， 对 她 来 说， 这 是 一 段 美好 而 幸福 的
háizi, duì tā lái shuō, zhè shì yí duàn měihǎo ér xìngfú de

回忆。
huíyì.

---

*2 口袋 kǒudai：「ポケット」「袋」。以前は声
調の違いで意味を区別していたが、現在
は同じ声調。ここではどちらもあり得る

过了　　许多　　年，　女人　　渐渐　　地　　老去。　有　　一　　　天，
Guòle　xǔduō　nián,　nǚrén　jiànjiàn　de　lǎoqù.　Yǒu　yì　tiān,

她　　病倒　　了。　当地　　的　　医生　　检查不出　　她　　生了
tā　bìngdǎo　le.　Dāngdì　de　yīshēng　jiǎnchábuchū　tā　shēngle

什么　　病，　于是　　把　　她　　送到了　　市里　　的　　大　　医院。
shénme　bìng,　yúshì　bǎ　tā　sòngdàole　shìli　de　dà　yīyuàn.

大　　医院　　的　　医生　　为　　女人　　做了　　手术*3。　她
Dà　yīyuàn　de　yīshēng　wèi　nǚrén　zuòle　shǒushù.　Tā

醒过来　　的　　时候，　很　　高兴　　自己　　还　　活着。　但　　同时，
xǐngguolai　de　shíhou,　hěn　gāoxìng　zìjǐ　hái　huózhe.　Dàn　tóngshí,

她　也　　知道　　之后　　的　　生活　　将　　变得　　非常　　困难。
tā　yě　zhīdao　zhīhòu　de　shēnghuó　jiāng　biànde　fēicháng　kùnnan.

因为　　她　　没有　　家人，　也　　没有　　医疗　　保险*4，　必须
Yīnwei　tā　méiyǒu　jiārén,　yě　méiyǒu　yīliáo　bǎoxiǎn,　bìxū

自己　　一点儿　　一点儿　　地　　偿还*5　　医药费*6。
zìjǐ　yìdiǎnr　yìdiǎnr　de　chánghuán　yīyàofèi.

第　二　　天，　一　　位　　医生　　来到　　女人　　的　　病房*7，
Dì　èr　tiān,　yí　wèi　yīshēng　láidào　nǚrén　de　bìngfáng,

手里　　拿着　　医药费　　的　　单子*8。　医生　　笑着　　把　　单子
shǒuli　názhe　yīyàofèi　de　dānzi.　Yīshēng　xiàozhe　bǎ　dānzi

递给　　女人，　说："打开　　看看。"　女人　　心里　　格外　　紧张，
dìgěi　nǚrén,　shuō:"Dǎkāi　kànkan."　Nǚrén　xīnli　géwài　jǐnzhāng,

打开了　　单子。　可是，　上面　　却　　写着："医药费　　已经
dǎkāile　dānzi.　Kěshì,　shàngmiàn　què　xiězhe:"Yīyàofèi　yǐjīng

全部　　还完。　偿还　　方法：一　　杯　　牛奶。"　这　　时　　女人
quánbù　huánwán.　Chánghuán　fāngfǎ:　yì　bēi　niúnǎi."　Zhè　shí　nǚrén

才　　意识到，　原来　　这　　位　　医生　　就　　是　　许多　　年　　前
cái　yìshidào,　yuánlái　zhèi　wèi　yīshēng　jiù　shì　xǔduō　nián　qián

---

＊3　手术 shǒushù：「手術」。「手術する」は"做
手术"のほか"动手术 dòng shǒushù"とも
言う

＊4　医疗保险 yīliáo bǎoxiǎn：医療保険

＊5　偿还 chánghuán：返済する

＊6　医药费 yīyàofèi：医療費と薬代

＊7　病房 bìngfáng：病室

＊8　单子 dānzi：書き付け、明細書

的　那个　小　男孩儿。
de　nèige　xiǎo　nánháir.

日本語訳

　　貧しい家の少年が、学校を出るために家々を回ってキャンデーを売り歩いていました。ある日のこと、彼はいつもどおりキャンデーを売り歩いていましたが、急におなかが空いてたまらなくなりました。でも手元には1ドルしかありません。少年は次の家の前に立ち、このドアを開けてもらったら何か食べるものを恵んでもらおうと思いました。中年の女性がドアを開けたとき、彼はもう少しでそう言うところでしたが、ふいにおじけづいてしまい、代わりに一杯の水をお願いしました。その女性も決して裕福ではありませんでしたが、おなかが減っていそうな彼の様子を見て、大きなグラスに注いだ牛乳を持ってきてくれました。

　　彼はゆっくりとその牛乳を飲み干すと、ポケットから1ドル札を取り出して「これしかもっていないんです」と言いました。その女性は「お金を払う必要なんてないわ。人助けをするのにお金を受け取ってはいけないと母から教わったの。将来あなたはきっと強くなるわ。素晴らしい人にね」と答えました。少年がその女性の家を去るとき、彼は体に力がわくのを感じました。彼女の優しさに励まされたのです。

　　その日以来、女性は時々その少年のこととその日の印象を思い出していました。彼女には自分の子どもがいなかったので、それは彼女にとって幸せな思い出でした。

　　時が過ぎ、彼女は歳をとって、ついには病気になってしまいました。医師たちはどこが悪いのか分からなかったので、市内の大病院に彼女を移しました。

　　大病院の医師は女性に手術をしました。目が覚めたとき、彼女は自分がまだ生きていることを喜びました。しかし彼女は今後の生活がとても困難になることも分かっていました。家族もおらず医療保険もないので、少しずつ医療費を返し続けなければならないと分かっていたのです。

　　その翌日、一人の医師が彼女の病室のドアをノックしました。彼の手には医療費の請求書がありました。彼は微笑みながらそれを彼女に渡しました。「どうぞ開けてください」。彼女は緊張しながら封筒を開けました。請求書の中には、「一杯の牛乳により全額返済済み」と書いてありました。そのとき彼女はようやく、彼があのときの少年だと気づいたのでした。

このストーリーのポイント

この女性は、貧しい少年に一杯の牛乳を与えました。やがて時が経ち、今度は立派な医者となったかつての少年が彼女を助けました。「良い行いは巡り巡って自分に返ってくる」ということを裏付けています。

バレンタインデーの花

情人节*1的花 Track 018
Qíngrénjié de huā

ある女性が、50年近く連れ添った夫を亡くし、独りで生きていかなくてはならなくなった。そんな彼女が独りで迎えた最初のバレンタインデーに起こったこととは……。

有 一 次, 一 家 小 报社*2 向 人们 征稿*3,
Yǒu yí cì, yì jiā xiǎo bàoshè xiàng rénmen zhēnggǎo,

希望 大家 写一写 关于 情人节 的 真实 的 爱情
xīwàng dàjiā xiěyixiě guānyú Qíngrénjié de zhēnshí de àiqíng

故事。 报社 收到了 许多 人 寄来 的 文章。 其中,
gùshi. Bàoshè shōudàole xǔduō rén jìlái de wénzhāng. Qízhōng,

一 位 名 叫 苏珊·派克*4 的 人 寄来 的 故事 被
yí wèi míng jiào Sūshān·Pàikè de rén jìlái de gùshi bèi

报社 选中*5, 登*6在了 2 月 14 日 的 报纸 上。
bàoshè xuǎnzhòng, dēngzàile èr yuè shísì rì de bàozhǐ shang.

苏珊 写 的 是 她 自己 的 故事:
Sūshān xiě de shì tā zìjǐ de gùshi:

---

*1 情人节 Qíngrénjié：バレンタインデー
*2 报社 bàoshè：新聞社
*3 征稿 zhēnggǎo：原稿を募集する、投稿を募集する
*4 苏珊·派克 Sūshān Pàikè：スーザン・パーカー

*5 选中 xuǎnzhòng：「選ぶ」「白羽の矢を立てる」。この"中"は「当たる」という意味なので第4声で読む
*6 登 dēng：載せる、掲載する

我 的 丈夫 去世 的 时候, 我们 结婚 差不多
Wǒ de zhàngfu qùshì de shíhou, wǒmen jiéhūn chàbuduō

五十 年 了。 孩子们 都 已经 长大, 离开了 家。
wǔshí nián le. Háizimen dōu yǐjīng zhǎngdà, líkāile jiā.

丈夫 很 爱 我, 一直 都 对 我 很 好, 直到 他
Zhàngfu hěn ài wǒ, yìzhí dōu duì wǒ hěn hǎo, zhídào tā

去世 的 那 一 天。
qùshì de nà yì tiān.

　　或许 很 多 人 都 是 这样, 我 和 我 的
　　Huòxǔ hěn duō rén dōu shì zhèyàng, wǒ hé wǒ de

丈夫 就 像 朋友 一样。 我们 喜欢 一起 看
zhàngfu jiù xiàng péngyou yíyàng. Wǒmen xǐhuan yìqǐ kàn

电影， 也 喜欢 一起 在 家 附近 散步。 散步 时， 他
diànyǐng, yě xǐhuan yìqǐ zài jiā fùjìn sànbù. Sànbù shí, tā

总是 拉着 我 的 手， 让 我 时时刻刻 都 感到
zǒngshì lāzhe wǒ de shǒu, ràng wǒ shíshíkèkè dōu gǎndào

很 幸福。
hěn xìngfú.

每 年 情人节， 丈夫 都 会 去 街角*7 的
Měi nián Qíngrénjié, zhàngfu dōu huì qù jiējiǎo de

花店*8， 给 我 买 十二 朵 玫瑰花*9。 他 还 会 在
huādiàn, gěi wǒ mǎi shí'èr duǒ méiguihuā. Tā hái huì zài

花里 放 一 张 小 卡片*10， 上面 总是 写着 一
huāli fàng yì zhāng xiǎo kǎpiàn, shàngmiàn zǒngshì xiězhe yí

句 同样 的 话："我 今天 比 昨天 更 爱 你。"
jù tóngyàng de huà: "Wǒ jīntiān bǐ zuótiān gèng ài nǐ."

可是 有 一 天， 丈夫 永远 离开了 我。 他 死
Kěshì yǒu yì tiān, zhàngfu yǒngyuǎn líkāile wǒ. Tā sǐ

后， 孩子们 回来 了， 陪在 我 的 身边。 但 几 个
hòu, háizimen huílái le, péizài wǒ de shēnbiān. Dàn jǐ ge

星期 后， 孩子们 又 回到了 他们 的 生活， 只 留下
xīngqī hòu, háizimen yòu huídàole tāmen de shēnghuó, zhǐ liúxià

我 一 个 人。
wǒ yí ge rén.

我 知道， 即使 没有了 丈夫， 我 也 必须 活下去。
Wǒ zhīdao, jíshǐ méiyǒule zhàngfu, wǒ yě bìxū huóxiaqu.

所以， 我 努力 让 自己 振作*11 起来。
Suǒyǐ, wǒ nǔlì ràng zìjǐ zhènzuòqilai.

然后， 又 一 个 情人节 到 了。 这 是 我 结婚
Ránhòu, yòu yí ge Qíngrénjié dào le. Zhè shì wǒ jiéhūn

---

*7 街角 jiējiǎo：街角
*8 花店 huādiàn：花屋
*9 玫瑰花 méiguihuā：「バラの花」。"朵"で
　　数えると1輪ずつの花というイメージ。
　　枝に付いていることに注目するなら"枝
　　zhī"、花束なら"束shù"で数える

*10 卡片 kǎpiàn：「カード」。"卡"は英語の
　　cardの音訳で、"信用卡xìnyòngkǎ"「クレ
　　ジットカード」、"房卡fángkǎ"「カード
　　キー」などに使う
*11 振作 zhènzuò：(気持ちを)奮い立たせる

后 第 一 次 一 个 人 过 情人节。
hòu dì yī cì yí ge rén guò Qíngrénjié.

突然， 有 人 敲了 敲 我 家 的 门。 我 打开
Tūrán, yǒu rén qiāole qiāo wǒ jiā de mén. Wǒ dǎkāi

门 一 看， 是 街角 那 家 花店 的 人。 你 可以
mén yí kàn, shì jiējiǎo nèi jiā huādiàn de rén. Nǐ kěyǐ

想象 一下， 我 有 多么 吃惊。 花店 的 人 递给
xiǎngxiàng yíxià, wǒ yǒu duōme chījīng. Huādiàn de rén dìgěi

我 十二 朵 玫瑰 和 一 张 小 卡片, 说:"这 是
wǒ shí'èr duǒ méigui hé yì zhāng xiǎo kǎpiàn, shuō: "Zhè shì

您 丈夫 送给 您 的。"
nín zhàngfu sònggěi nín de."

那 时， 我 简直 生气极 了， 不 明白 发生了
Nà shí, wǒ jiǎnzhí shēngqìjí le, bù míngbai fāshēngle

什么。 怎么 会 有 人 开 这样 的 玩笑?! 然而,
shénme. Zěnme huì yǒu rén kāi zhèyàng de wánxiào?! Rán'ér,

花店 的 人 告诉 我, 这 不 是 开 玩笑。 她 说:
huādiàn de rén gàosu wǒ, zhè bú shì kāi wánxiào. Tā shuō:

"您 的 丈夫 去世 前， 曾经 来过 我们 花店。 他
"Nín de zhàngfu qùshì qián, céngjīng láiguo wǒmen huādiàn. Tā

付了 一 大 笔 钱, 预订*12了 好几 年 的 玫瑰花。
fùle yí dà bǐ qián, yùdìngle hǎojǐ nián de méiguihuā.

他 要求 我们 每 年 在 情人节 这 天 给 您
Tā yāoqiú wǒmen měi nián zài Qíngrénjié zhè tiān gěi nín

送 花。"
sòng huā."

我 不 知道 应该 说 什么 好。 过了 一会儿， 我
Wǒ bù zhīdào yīnggāi shuō shénme hǎo. Guòle yíhuìr, wǒ

＊12 预订 yùdìng：予約する、注文する

打开了　卡片，　　上面　　写着：
dǎkāile　kǎpiàn,　shàngmiàn　xiězhe:

"我　今天　比　昨天　更　爱　你。"
"Wǒ　jīntiān　bǐ　zuótiān　gèng　ài　nǐ."

日本語訳

　　ある小さな新聞社が、バレンタインデーにまつわる実際にあったラブストーリーを投稿することを読者に呼び掛けました。新聞社には数多くの投稿が寄せられましたが、スーザン・パーカーという人が書いた投稿が選ばれ、2月14日付けの紙面に掲載されました。スーザンの投稿は自分自身の物語です。

　　夫が亡くなったとき、結婚してほぼ50年がたとうとしていました。子どもたちは皆成長して巣立っていましたが、夫は亡くなるその日まで私に優しくしてくれました。

　　多くの人がそうなのかもしれませんが、夫は私の親友でした。私たちは一緒に映画を見に行ったり、近所を散歩したりするのが大好きでした。散歩するとき夫は、ずっと変わらず私と手をつないでくれて、私をずっと幸せな気分にしてくれました。

　　毎年バレンタインデーには、夫は街角の花屋に立ち寄り、私に12本のバラの花束を買ってくれたものでした。花には小さなカードも添えて、毎年、「昨日よりも今日、もっと君を愛しているよ」という同じ言葉を書いてくれたのです。

　　そうしてある日、夫は旅立ちました。子どもたちがやって来て、しばらくの間は私のそばにいてくれましたが、数週間後には自分たちの生活に戻ってしまい、私は独りになりました。

　　私は夫がいなくても生きていかなければならないと分かっていました。ですから私は努めて自分を元気づけようとしました。

　　それから再び、バレンタインデーがやって来ました。結婚以来、独りぼっちで迎える最初のバレンタインデーでした。

　　ノックの音がして、ドアを開けると、街角の花屋さんだったのです。そのときの私の驚きを想像してみてください。花屋さんは12本のバラの花束と小さなカードを差し出して、「ご主人からです」と言ったのです。

　　私は一瞬、激しい怒りを感じ、困惑しました。こんな悪ふざけをする人があるでしょうか。けれども花屋さんはそれは違うと言って、次のように説明してくれました。

　　「ご主人はお亡くなりになる前に来店され、バラの代金を何年分も前払いされました。奥さ

まに、毎年必ずバレンタインデーに花束を贈ってほしいとのご依頼があったのです」

　私はなんと言ってよいか分かりませんでした。ようやくカードを開くと、こう書かれていました。

　「昨日よりも今日、もっと君を愛しているよ」と。

このストーリーのポイント

自分が世を去った後も、いつまでも妻を思いやる夫の愛情が伝わってきます。来年も、再来年も、毎年バレンタインデーの日に届く花を待ちわびる妻の人生は、きっと幸せに満ちていることでしょう。

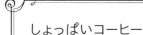

しょっぱいコーヒー

一杯咸咖啡 Track 019

Yì bēi xián kāfēi

ある男女が初めて二人で喫茶店に行ったとき、緊張のあまり男性は何も話すことができず、最初はぎこちない雰囲気が漂っていた。そんなとき、男性がコーヒーに塩を入れて飲んだ。その奇妙なコーヒーの飲み方は、二人の会話、交際、そして結婚のきっかけとなったのだが……。

杰克*1	和	黛比*2	是	在	一	次	聚会	上	认识
Jiékè	hé	Dàibǐ	shì	zài	yí	cì	jùhuì	shang	rènshi

的。	黛比	既	漂亮	又	优秀,	有	很	多	男生
de.	Dàibǐ	jì	piàoliang	yòu	yōuxiù,	yǒu	hěn	duō	nánshēng

追求*3	她,	杰克	也	喜欢上了	她。	不过,	杰克
zhuīqiú	tā,	Jiékè	yě	xǐhuanshangle	tā.	Búguò,	Jiékè

普普通通,	平平常常,	根本	没有	人	注意到	他。
pǔpǔtōngtōng,	píngpíngchángcháng,	gēnběn	méiyǒu	rén	zhùyìdào	tā.

聚会	结束	后,	杰克	邀请	黛比	一起	去	喝	咖啡。
Jùhuì	jiéshù	hòu,	Jiékè	yāoqǐng	Dàibǐ	yìqǐ	qù	hē	kāfēi.

黛比	尽管	吃了	一	惊,	但	为了	保持	礼貌,	还是
Dàibǐ	jǐnguǎn	chīle	yì	jīng,	dàn	wèile	bǎochí	lǐmào,	háishi

＊1　杰克 Jiékè：ジャック
＊2　黛比 Dàibǐ：デビー
＊3　追求 zhuīqiú：（恋愛対象として）追い求める

答应　　了。　两　个　人　去了　一　家　很　不错　的
dāying　le.　Liǎng　ge　rén　qùle　yì　jiā　hěn　búcuò　de

咖啡店。可是，杰克　实在　太　紧张，连　一　句　话　都
kāfēidiàn.　Kěshì　Jiékè　shízài　tài　jǐnzhāng,　lián　yí　jù　huà　dōu

说不出。坐了　一会儿，黛比　感到　无聊极　了，只　想
shuōbuchū.　Zuòle　yíhuìr,　Dàibǐ　gǎndào　wúliáojí　le,　zhǐ　xiǎng

赶紧　回　家。
gǎnjǐn　huí　jiā.

　　两　个　人　就　这样，对着　咖啡　默默*4　地　坐着。
　　Liǎng　ge　rén　jiù　zhèyàng,　duìzhe　kāfēi　mòmò　de　zuòzhe.

突然，杰克　问　服务员："能　给　我　一点儿　盐　吗？"
Tūrán,　Jiékè　wèn　fúwùyuán:　"Néng　gěi　wǒ　yìdiǎnr　yán　ma?"

---

*4　默默　mòmò：黙々として、黙りこくって

一 听到 这 句 话，所有 人 都 看向 了 杰克。谁
Yì tīngdào zhèi jù huà, suǒyǒu rén dōu kànxiàngle Jiékè. Shéi

会 往 咖啡 里 放 盐？这 也 太 奇怪 了。杰克
huì wǎng kāfēi li fàng yán? Zhè yě tài qíguài le. Jiékè

的 脸 一下子 变得 通红*5。尽管 被 人 看得 很
de liǎn yíxiàzi biànde tōnghóng. Jǐnguǎn bèi rén kànde hěn

不 好意思，杰克 还是 往 咖啡 里 放了 盐，喝起来。
bù hǎoyìsi, Jiékè háishi wǎng kāfēi li fàngle yán, hēqilai.

黛比 问 他：“为 什么 要 放 盐？”杰克 回答 说：
Dàibǐ wèn tā: "Wèi shénme yào fàng yán?" Jiékè huídá shuō:

“小时候，我 家 在 海边*6，我 很 喜欢 海水 的
"Xiǎoshíhou, wǒ jiā zài hǎibiān, wǒ hěn xǐhuan hǎishuǐ de

味道。放了 盐 的 咖啡，味道 就 跟 海水 一 模
wèidao. Fàngle yán de kāfēi, wèidao jiù gēn hǎishuǐ yì mú

一 样。所以，直到 现在，我 喝 咖啡 的 时候 还是
yí yàng. Suǒyǐ, zhídào xiànzài, wǒ hē kāfēi de shíhou háishi

喜欢 放 盐。这 味道 会 让 我 想起 我 的
xǐhuan fàng yán. Zhè wèidao huì ràng wǒ xiǎngqǐ wǒ de

童年 和 家乡。我 非常 想念 我 的 家乡。我
tóngnián hé jiāxiāng. Wǒ fēicháng xiǎngniàn wǒ de jiāxiāng. Wǒ

父母 仍然 生活 在 那里，我 很 想 他们。”
fùmǔ réngrán shēnghuó zài nàli, wǒ hěn xiǎng tāmen."

这 一 番 话 深深 地 感动了 黛比，因为 杰克
Zhè yì fān huà shēnshēn de gǎndòngle Dàibǐ, yīnwei Jiékè

的 感情 很 真实，发自 内心*7。黛比 认为，如果 一
de gǎnqíng hěn zhēnshí, fāzì nèixīn. Dàibǐ rènwéi, rúguǒ yí

个 男人 能够 诚恳 地 说出 这 一 番 心里
ge nánrén nénggòu chéngkěn de shuōchū zhè yì fān xīnli

＊5　通红　tōnghóng：真っ赤だ
＊6　海边　hǎibiān：海辺、海のそば
＊7　发自内心　fāzì nèixīn：「内心から発する」
　　「心からの」。"自" は書き言葉で、動詞の
　　後に置いて起点を表す。"来自～"「～か
　　ら来る」、"出自～"「～から出る」なども

よく使われる表現

话，那么 他 一定 很 爱 他 的 家。 这样 的 男人
huà, nàme tā yídìng hěn ài tā de jiā. Zhèyàng de nánrén

重视 家庭， 也 知道 对 家庭 负责。 接着， 黛比 也
zhòngshì jiātíng, yě zhīdao duì jiātíng fùzé. Jiēzhe, Dàibǐ yě

说起了 她 的 家乡、 童年 以及 家人。
shuōqǐle tā de jiāxiāng、tóngnián yǐjí jiārén.

这 次 聊天儿 非常 愉快， 也 成为了 他们
Zhèi cì liáotiānr fēicháng yúkuài, yě chéngwéile tāmen

幸福 故事 的 开始。 两 个 人 交往了 一 段
xìngfú gùshi de kāishǐ. Liǎng ge rén jiāowǎngle yí duàn

时间， 黛比 可以 确定 杰克 正 是 她 在 等 的
shíjiān, Dàibǐ kěyǐ quèdìng Jiékè zhèng shì tā zài děng de

人， 符合 她 的 所有 要求。 他 不仅 善良， 还 很
rén, fúhé tā de suǒyǒu yāoqiú. Tā bùjǐn shànliáng, hái hěn

会 照顾 人。 黛比 简直 不 敢 相信， 自己
huì zhàogù rén. Dàibǐ jiǎnzhí bù gǎn xiāngxìn, zìjǐ

竟然 差 一点儿 错过*8 这么 好 的 人。
jìngrán chà yìdiǎnr cuòguò zhème hǎo de rén.

因为 一 杯 咸 咖啡， 杰克 和 黛比 走到了 一起。
Yīnwei yì bēi xián kāfēi, Jiékè hé Dàibǐ zǒudàole yìqǐ.

他们 的 爱情 就 像 一 个 美丽 的 童话*9， 王子*10
Tāmen de àiqíng jiù xiàng yí ge měilì de tónghuà, wángzǐ

和 公主*11 终于 快快乐乐 地 生活在了 一起。 每 次
hé gōngzhǔ zhōngyú kuàikuàilèlè de shēnghuózàile yìqǐ. Měi cì

黛比 为 杰克 泡 咖啡， 都 会 放进 一点儿 盐。 她
Dàibǐ wèi Jiékè pào kāfēi, dōu huì fàngjìn yìdiǎnr yán. Tā

知道， 他 就 喜欢 喝 咸咸 的 咖啡。
zhīdao, tā jiù xǐhuan hē xiánxián de kāfēi.

---

*8 错过 cuòguò：逃す
*9 童话 tónghuà：童話
*10 王子 wángzǐ：王子
*11 公主 gōngzhǔ：王女、姫

四十　年　后，杰克　离开了　这个　世界。他　给　黛比
Sìshí nián hòu, Jiékè líkāile zhèige shìjiè. Tā gěi Dàibǐ

留下　一　封　信，信里　写道*12：
liúxià yì fēng xìn, xìnli xiēdào:

　　我　最爱　的　妻子：请　你　一定　要　原谅　我。
Wǒ zuì'ài de qīzi: Qǐng nǐ yídìng yào yuánliàng wǒ.

我　一辈子　只　对　你　说过　一　个　谎，但　却
Wǒ yíbèizi zhǐ duì nǐ shuōguo yí ge huǎng, dàn què

骗了　你　一辈子。
piànle nǐ yíbèizi.

　　你　还　记得　我们　第　一　次　喝　咖啡　吗？那
Nǐ hái jìde wǒmen dì yī cì hē kāfēi ma? Nà

时候，我　因为　太　紧张，说错了　话。我　本来　想
shíhou, wǒ yīnwei tài jǐnzhāng, shuōcuòle huà. Wǒ běnlái xiǎng

向　服务员　要　糖，可是　却　说成了　盐。我　没有
xiàng fúwùyuán yào táng, kěshì què shuōchéngle yán. Wǒ méiyǒu

勇气　改口*13，只　能　对　你　撒了　谎。
yǒngqì gǎikǒu, zhǐ néng duì nǐ sāle huǎng.

　　我　完全　没有　想到，我们　竟然　因为　那　杯
Wǒ wánquán méiyou xiǎngdào, wǒmen jìngrán yīnwei nèi bēi

咖啡　而　聊起了　天儿，还　聊得　那么　愉快！有　好几
kāfēi ér liáoqǐle tiānr, hái liáode nàme yúkuài! Yǒu hǎojǐ

次，我　很　想　对　你　说　真话*14。可是　我　答应过
cì, wǒ hěn xiǎng duì nǐ shuō zhēnhuà. Kěshì wǒ dāyingguo

你，绝对　不　骗　你。所以　到　最后，我　都　没　敢
nǐ, juéduì bú piàn nǐ. Suǒyǐ dào zuìhòu, wǒ dōu méi gǎn

说。
shuō.

---

*12 写道～　xiědào：「～と書く」。この"道"
　　は"写""说""问"などの動詞の後につい
　　て「言う」という意味を表し、その後に
　　書いたり話したりした内容が置かれる
*13 改口　gǎikǒu：言い直す
*14 真话　zhēnhuà：本当のこと

现在, 我 快要 死 了, 不 再 害怕, 终于 可以
Xiànzài, wǒ kuàiyào sǐ le, bú zài hàipà, zhōngyú kěyǐ

对 你 说 真话 了。我 根本 就 不 喜欢 放 盐
duì nǐ shuō zhēnhuà le. Wǒ gēnběn jiù bù xǐhuan fàng yán

的 咖啡。那 味道 太 奇怪 了, 真 的 很 难 喝!
de kāfēi. Nà wèidao tài qíguài le, zhēn de hěn nán hē!

但 尽管 这样, 我 还是 喝了 一辈子 咸 咖啡。我
Dàn jǐnguǎn zhèyàng, wǒ háishi hēle yíbèizi xián kāfēi. Wǒ

这么 做, 就 是 为了 和 你 在 一起。我 一点儿 都
zhème zuò, jiù shì wèile hé nǐ zài yìqǐ. Wǒ yìdiǎnr dōu

不 后悔。和 你 结婚, 是 世界 上 最 幸福 的 事!
bú hòuhuǐ. Hé nǐ jiéhūn, shì shìjiè shang zuì xìngfú de shì!

如果 可以 再 来 一 次, 即使 要 我 继续 喝 一辈子
Rúguǒ kěyǐ zài lái yí cì, jíshǐ yào wǒ jìxù hē yíbèizi

咸 咖啡, 我 也 还是 要 和 你 在 一起。
xián kāfēi, wǒ yě háishi yào hé nǐ zài yìqǐ.

黛比 看完 信, 哭了 起来, 眼泪 弄湿了 信纸*15。
Dàibǐ kànwán xìn, kūle qǐlai, yǎnlèi nòngshīle xìnzhǐ.

杰克 死 后, 黛比 也 喝起了 放 盐 的 咖啡。
Jiékè sǐ hòu, Dàibǐ yě hēqǐle fàng yán de kāfēi.

有 一 天, 有 人 问 黛比:"放了 盐 的 咖啡 是
Yǒu yì tiān, yǒu rén wèn Dàibǐ: "Fàngle yán de kāfēi shì

什么 味道?"她 笑着 回答:"很 甜。"
shénme wèidao?" Tā xiàozhe huídá: "Hěn tián."

---

*15 信纸 xìnzhǐ:「便箋」。"信" は手紙のこ
と。「封筒」は "信封 xìnfēng" という

日本語訳

　ジャックとデビーはパーティーで出会いました。彼女は美しく優秀で、多くの男性が彼女を追い掛けていました。ジャックも彼女が好きになりましたが、彼はあまりにも平凡だったので、誰も彼に注意を向けませんでした。

　パーティーが終わると、ジャックはデビーをコーヒーに誘いました。彼女は驚きましたが、断るのも失礼だと思い、行くことにしました。二人はすてきな喫茶店に行きました。でも彼はあまりに緊張していて何も言えませんでした。デビーは居心地が悪く、心の中で、「もう家に帰らせて」と思いました。

　彼らが無言でコーヒーを前に座っていると、ジャックは突然ウエーターに、「塩をいただけますか?」と聞きました。それを聞いてみんな彼を見ました。誰がコーヒーに塩を入れるんですって? なんて変なんでしょう! ジャックの顔は赤くなりましたが、それでも、彼はコーヒーに塩を入れて飲みました。デビーは彼に、「なぜそんなことをするの?」と聞くと、ジャックは、「小さいころ、海の近くに住んでいたんだ。僕は海水の味が好きだった。塩入りのコーヒーは海水と同じ味がする。だから今でもコーヒーを飲むときには塩を入れるのが好きなんだ。この味は僕に子どものころや故郷を思い出させてくれる。故郷が本当に恋しい。今でもそこに住んでいる両親に会いたいよ」と答えました。

　この話にデビーは深く感動しました。ジャックの気持ちは正直で、心からのものだったからです。彼女は、自分の気持ちについて正直に話せる男性は家庭を愛し、家庭を大切にし、家庭を持つ責任を理解している人に違いないと思いました。そして彼女も自分の故郷や子ども時代、それに自分の家族のことを話し始めました。

　それは本当に楽しい話で、また彼らの物語の美しい始まりでもありました。彼らはつき合いを重ね、デビーは、ジャックは本当に自分の要求をすべて満たす、彼女が待ち望んでいた人だと分かりました。彼は優しい心の持ち主で、気遣いのできる男性でした。デビーは、こんなにいい人を危うく逃すところだった自分が信じられませんでした。

　一杯の塩入りコーヒーのおかげで、ジャックとデビーはともに歩き始めました。彼らの話はまるで美しいおとぎ話のようでした。王子様とお姫様は結婚し、一緒に幸せな人生を送りました。そして、デビーが彼にコーヒーを入れるときはいつも、塩を入れました。それが彼の好みだと知っていたからです。

　40年後、ジャックは亡くなりました。彼はデビーに次のような手紙を残しました。

　いとしい人、どうか許しておくれ。私は生涯で君に一つしかうそをついていない。その代わり死ぬまでつき続けたんだ。

　私たちが初めてコーヒーを飲んだときのことを覚えているかい？　私はすごく緊張していて、本当は砂糖が欲しかったのに、塩と言ってしまったんだ。言い直すなんて私にはできなくて、そのままうそをつき続けた。

　私はまさかそれが話のきっかけになるなんて、ましてあんなに楽しくおしゃべりできるなんて思ってもみなかったんだ！　私は何度も君に本当のことを言おうとしたけれど、私は君に決してうそはつかないと約束していたから、怖くて言えなかった。

　私はもうすぐ死ぬ。何も恐れていない、だから君に本当のことを言えるよ。私は塩入りコーヒーが好きじゃない。なんて妙で、まずい味なんだ！　でも私は塩入りコーヒーを一生飲み続けた。私がそうしたのは、君と一緒にいるためだ。後悔することは何もない。君と結婚したことが一番の幸せだ。もしもう一度生きることができたら、また塩入りコーヒーを飲まなきゃいけないとしても、また君と一緒にいたいと思うだろう。

　デビーは読み終わると泣き出しました。涙でその手紙はびしょぬれになりました。

　ジャックの死後、デビーも塩入りのコーヒーを飲むようになりました。ある日、誰かが彼女に「塩入りコーヒーってどんな味？」と聞くと、彼女は微笑んで答えました。「甘いわ」。

このストーリーのポイント

二人の美しいラブストーリーを台無しにしたくなくて塩入りコーヒーを飲み続けたジャックでしたが、デビーに真実を打ち明けることが正しいことだと彼は分かっていました。最後に彼が真実を語ったことで、彼らの物語は一層甘いエンディングになりました。

20ドル

二十美元 (Track 020)

Èrshí měiyuán

あるセミナーで講師が、「この20ドルを欲しい人は？」と尋ねるところからストーリーは始まる。その質問の後講師は、その20ドルを手でもみくしゃにしたり、靴で踏みつけたりと、何やらお札をぐちゃぐちゃにし始めた。講師はなぜそのような行動を取ったのだろう……？

　　有　一　次，一　位　非常　著名　的　老师　举着　一
　　Yǒu　yí　cì,　yí　wèi　fēicháng　zhùmíng　de　lǎoshī　jǔzhe　yì

张　二十　美元　的　纸币[1]，开始了　一　场　演讲。
zhāng　èrshí　měiyuán　de　zhǐbì,　kāishǐle　yì　chǎng　yǎnjiǎng.

他　问　来　听　演讲　的　200　个　人："有　人　想
Tā　wèn　lái　tīng　yǎnjiǎng　de　èrbǎi　ge　rén:　"Yǒu　rén　xiǎng

要　这　二十　美元　吗？"
yào　zhè　èrshí　měiyuán　ma?"

　　人们　一　个　接　一　个[2]　举起了　手。老师　说：
　　Rénmen　yí　ge　jiē　yí　ge　jǔqǐle　shǒu.　Lǎoshī　shuō:

"我　要　把　这　二十　美元　送给　你们　中　的　一
"Wǒ　yào　bǎ　zhè　èrshí　měiyuán　sònggěi　nǐmen　zhōng　de　yí

＊1　纸币 zhǐbì：「紙幣」「お札」。口語では"钞票 chāopiào"とも言う。コインは"硬币 yìngbì"

＊2　一个接一个 yí ge jiē yí ge：「次々と」。この"接"は「接近する」「続く」の意味で、"一个接一个"は1人に続いてすぐ次の1

人が動作を行うことを表す

个　　人。不过，在　这　　之前，我　要　先　做　一　件
ge　rén.　Búguò,　zài　zhè　zhīqián,　wǒ　yào　xiān　zuò　yí　jiàn

事。"
shì."

　　老师　　说着　　把　二十　　美元　　揉[*3]在　手里，问："还
　　Lǎoshī　shuōzhe　bǎ　èrshí　měiyuán　róuzài　shǒuli,　wèn:　"Hái

有　人　想　要　吗？"
yǒu　rén　xiǎng　yào　ma?"

　　人们　还是　举着　手。
　　Rénmen　háishi　jǔzhe　shǒu.

　　"很　好，"老师　说，"那　这样　呢？"他　把　纸币
　　"Hěn　hǎo,"　lǎoshī　shuō,　"nà　zhèyàng　ne?"　Tā　bǎ　zhǐbì

---

*3　揉 róu：(てのひらで) もむ

扔在 地上， 用 力 踩*4了 几 下。 纸币 变得 又
rēngzài dìshang, yòng lì cǎile jǐ xià. Zhǐbì biànde yòu

皱*5 又 脏。
zhòu yòu zāng.

老师 捡起来， 又 问："好 了， 这样 还 有 人
Lǎoshī jiǎnqilai, yòu wèn: "Hǎo le, zhèyàng hái yǒu rén

想 要 吗？"
xiǎng yào ma?"

人们 仍然 举着 手。
Rénmen réngrán jǔzhe shǒu.

老师 说："各 位 朋友， 你们 都 学到了 一 个
Lǎoshī shuō: "Gè wèi péngyou, nǐmen dōu xuédàole yí ge

很 重要 的 道理。 不管 我 对 这 张 纸币 做
hěn zhòngyào de dàoli. Bùguǎn wǒ duì zhèi zhāng zhǐbì zuò

什么， 你们 都 想 要 它。 这 是 为 什么 呢？
shénme, nǐmen dōu xiǎng yào tā. Zhè shì wèi shénme ne?

因为 它 的 价值 没有 变， 它 仍然 值*6 二十
Yīnwei tā de jiàzhí méiyou biàn, tā réngrán zhí èrshí

美元。
měiyuán

"我们 的 人生 也 是 这样， 很 多 时候， 因为
"Wǒmen de rénshēng yě shì zhèyàng, hěn duō shíhou, yīnwei

我们 自己 的 决定 或者 一些 意外 的 情况，
wǒmen zìjǐ de juédìng huòzhě yìxiē yìwài de qíngkuàng,

我们 会 被 人 打压*7， 被 人 欺辱*8， 被 人 踩在
wǒmen huì bèi rén dǎyā, bèi rén qīrǔ, bèi rén cǎizài

脚下。 这 时候， 我们 会 觉得 自己 没有 价值。 但
jiǎoxia. Zhè shíhou, wǒmen huì juéde zìjǐ méiyǒu jiàzhí. Dàn

＊4　踩 cǎi：(足で) 踏む
＊5　皱 zhòu：しわが寄る、しわになる
＊6　值～ zhí：～の価値がある
＊7　打压 dǎyā：抑圧する、打ちのめす
＊8　欺辱 qīrǔ：侮辱する、虐げる

事实 上， 无论 过去 发生了 什么， 也 无论 将来
shìshí shang, wúlùn guòqù fāshēngle shénme, yě wúlùn jiānglái

会 发生 什么， 你 的 价值 都 不 会 消失。 不管
huì fāshēng shénme, nǐ de jiàzhí dōu bú huì xiāoshī. Bùguǎn

脏 还是 干净， 对 爱 你 的 人 来 说， 你 永远
zāng háishi gānjìng, duì ài nǐ de rén lái shuō, nǐ yǒngyuǎn

都 很 重要。
dōu hěn zhòngyào.

"你 的 价值 不 是 由 你 的 工作 或者 你
"Nǐ de jiàzhí bú shì yóu nǐ de gōngzuò huòzhě nǐ

认识 的 人 决定 的， 而 是 由 你 自己 是 一 个
rènshi de rén juédìng de, ér shì yóu nǐ zìjǐ shì yí ge

什么样 的 人 决定 的。
shénmeyàng de rén juédìng de.

"你 是 很 特别 的。 请 永远 不要 忘记 这
"Nǐ shì hěn tèbié de. Qǐng yǒngyuǎn búyào wàngjì zhè

一 点。"
yì diǎn."

日本語訳

　ある有名な講師が、20ドル札を持った手を上げることでスピーチを始めました。200人の前で彼は、「この20ドル札が欲しい人はいますか？」と聞きました。

　すると手が上がり始めました。彼は、「この20ドルをあなたがたのうちのお一人に差し上げます。ただ、まずこうさせてください」と言いました。

　そして彼は、その20ドル札を手でもみくしゃにしてから聞きました。「これでもまだ欲しい人は？」

　それでも手は上がったままでした。

　「では」と彼は言いました。「こうしたらどうでしょう？」、彼はそれを床に落とし、何度か踏みつけました。

　そして、もはやくしゃくしゃになって汚れてしまったお札を拾い上げました。「さて、これでもまだ欲しい人は？」

　手はまだ上がったままでした。

　「みなさん、あなたたちはとても大切な教訓を学びましたね。このお金に私が何をしようと、あなたがたはまだそれを欲しがりましたね、なぜならお金の価値は変わっていないからです。依然としてそれは20ドルの価値があります。

　私たちの人生には何度も、自分のした決断やたまたま出合った状況のために、落とされたり、つぶされたり、足で踏みつけられたりすることがあります。そんなとき私たちは、自分には価値がないように感じてしまいます。でも、今までどんなことがあっても、そしてこれからどんなことが起きても、あなたの価値は決してなくなりません。汚れていてもきれいでも、あなたを愛する人たちにとってあなたはいつまでも大切な存在なのです。あなたの価値は、あなたの仕事やあなたの知り合いではなく、あなた自身がどういう人間なのかで決まるものなのです。あなたはとても特別なのです。このことをいつまでも忘れないでください。」

このストーリーのポイント

　この男性はいわゆる「モチベーショナルスピーカー」と呼ばれる人です。こういった講演をする人たちはアメリカではとても人気があります。彼らは、社員に会社の方針を理解させるため、またチームワークを学ばせるために企業で講演をするよう依頼されます。特にこのスピーチでは、個々の人間の大切さと価値が強調されています。

ピンインなし中国語テキスト

1. 愚公移山

从前有一个老爷爷，名叫愚公，快要九十岁了。他和他的家人住在两座大山的旁边。他们不管去哪里，都要绕过山才能出去，生活很不方便。

愚公看着家人每天出门都要走很多路，觉得很烦恼。为了解决这个问题，他想到了一个办法。

有一天，他把家人们叫到一起，跟他们商量，说："我们一起努力，把门口的两座山移走吧。移走之后，出门就不用这么麻烦了。"

家人们听了，都觉得愚公说得有道理，大家表示同意。但是，愚公的妻子却问他："这两座山这么大，怎样才能把它们移走呢？"愚公回答说："我们一点儿一点儿挖，总有一天能挖走的。"

妻子又问："挖出来的泥土和石头要怎么办呢？"这个问题把愚公问倒了，他一下子不知道该怎么回答。其他的家人听了，开始给愚公出主意。有人说："可以扔到海里去。"愚公觉得这个办法好，于是决定就这样做。

说做就做。愚公挑了三个力气大的家人，和他一起开始移山。他们挖开泥土，凿开石头，等挖出来的泥土和石头积累到一定的数量，就把它们扔到海里去。愚公的邻居有一个很小的孩子，才刚开始换牙，就连这个孩子都主动来帮他们。不过，愚公家离海很远，走一趟需要半年，去的时候是冬天，回来的时候已经变成了夏天。

有一个名叫智叟的人，听说了愚公一家想要移山的事。他觉得这根本就是在开玩笑。智叟来见愚公，笑着对他说："你这个人可真笨！你今年都已经九十岁了，还能活几天呢？这两座山这么大，就算你一直挖到死，也不可能把它们移走。"

可是，愚公却对智叟说："你这个人只看眼前，而不看将来。即使我死了，还有我的儿子。我儿子死了，还有我的孙子。我们家永远都会有新人出生，但这两座山却不会变得更大了。所以，只要我们坚持挖下去，总有一天能够移走它们。"

后来，天帝知道了这件事。他被愚公的精神感动，派两个儿子搬走了这两座大山。就这样，愚公家门口的山没有了，一家人出门再也不用绕路了。

2. 夸父追日

很久很久以前，有一个巨人名叫夸父，长得又高又大。他看见太阳每天从东边升起来，从西边落下去，觉得很不高兴。因为太阳升起来的时候，世界才有光，太阳落下去的时候，世界就没有了光。

夸父不喜欢黑暗，他希望阳光永远照着大地。要用什么办法才能做到这一点呢？夸父想啊想，终于想出了一个好主意。他决定去追太阳，在太阳从西边落下去之前，把太阳抓住。这样，太阳就可以永远挂在天上了。

说做就做。夸父往太阳的方向跑起来。他的腿特别长，跑得特别快。他跑啊跑、跑啊跑，不知道跑了多久。他和太阳之间的距离越来越近，可就是抓不到太阳。

夸父很着急，但也没有其他办法。他继续跑啊跑、跑啊跑，又不知道跑了多久。他流了许多汗，越跑越热，越跑越渴，突然很想喝水。

于是，夸父来到黄河边，大口大口地喝水，很快就把黄河里的水喝干了。可是，夸父还是渴。他又来到渭水边，继续大口大口地喝水，很快也把渭水里的水喝干了。

夸父还是觉得不够，他又往北边跑，想去喝大泽里的水。但是，他还没有跑到大泽，突然感到很累很累，一下子倒在了地上。夸父就像一座大山，倒在地上时发出一声巨响。这时，太阳很快就要从西边落下去了，阳光照在他的脸上，他再也没有醒过来。

夸父追日时，手里拿着一根木杖。他倒地后，木杖落在地上，长成了一棵桃树。一年又一年，桃树越长越多，变成了桃树林。这些桃树每年都会长出桃子，又大又甜。人们吃着甜甜的桃子，就会想起夸父，想起那个勇敢追日的巨人。

3. 神笔马良

　　从前有个孩子，名字叫马良，父母死得早，只剩下他一个人。马良从小喜欢画画，可是他没有笔。有一天，他路过学馆，想借一支笔，却被人赶了出来。马良很难过，也很失望，但是他不愿放弃。他决定自己学画画。

　　马良不管做什么，都想着练习画画。他用树枝在地上画，用草蘸了水在石头上画。就连他住的地方，墙上都被他画满了各种东西。

　　一年一年过去，马良从来没有停止过画画。就因为这样，他进步得很快，画出来的东西跟真的一模一样。但是，马良仍然没有笔，他多么希望能有一支自己的画笔！

　　有一天晚上，马良睡着以后，发现周围亮了起来，可以看到彩色的光。光里走出一个有着白色胡子的老人，送给马良一支笔。老人说："这是一支神笔，你要好好儿使用它！"马良开心极了。可是，他还来不及说一声谢谢，老人就不见了。

　　马良醒过来，以为是一个梦，但他手里确实拿着一支金色的笔，他高兴坏了。马良赶紧用笔画了一只鸟。他一画完，那只鸟竟然飞了起来。马良又惊讶又兴奋，他开始为村里的穷人们画画。缺少什么，画什么。有人缺少牛，他就画牛。有人缺少水车，他就画水车。

　　后来，县令知道了这件事。他派人抓住马良，命令他画金元宝，可是马良不愿意。县令非常生气，把马良关了起来。但是，聪明的马良用他的神笔，成功地逃了出去。

　　马良不能再回自己的家，他只能去了很远的地方。然而，马良的神笔实在太厉害了，无论他画什么都可以变成真的，就连皇帝都听说了这件事。

　　皇帝派人把马良抓起来，抢走了马良的神笔。皇帝自己用神笔画了一座金山，可是出现的却是一座普通的山，都是石头。没有办法，皇帝只能把马良叫来，命令马良为他画一棵摇钱树。

　　为了拿回神笔，马良答应了皇帝的要求。不过，他先画了一片大海。蓝色的海水非常平静，就像镜子一样。皇帝看了，很不高兴。然后，马良在海上画了一座岛，在岛上画了一棵摇钱树。

　　皇帝看了，开心地笑起来，命令马良赶快再画一只大船。于是，马良画了

一只很大的木船。皇帝赶紧带人上了船。船开了，可是皇帝觉得太慢，命令马良画风。马良为他画了风。马良画呀画，风越来越大，最后终于把船刮翻了。就这样，皇帝掉进海里，淹死了。

皇帝死了以后，谁也不知道马良去了哪里。有人说，他回到了自己的家。也有人说，他去了很多地方，只为穷人们画画。

4. 爱心冰箱

中国成都市一家餐馆的门口有一台大大的冰箱。冰箱里放着各种东西，夏天有冷饮，冬天有面条。不管是谁，只要有需要，都可以从冰箱里拿走任何东西。人们把这样的冰箱叫做"爱心冰箱"。

这家餐馆的"爱心冰箱"最开始只是一张小小的桌子。有一天，天气很热，在外面走几步就会出汗。一个经常在餐馆门口打扫街道的阿姨，突然晕倒在地上。餐馆的人看到后，赶紧把她扶进了餐馆。阿姨醒来后，告诉餐馆的人说，因为工作的时候不方便，所以没有带水，结果就晕倒了。

第二天，餐馆的人在门口放了一张小桌子。桌子上面放着几瓶水，旁边写着：需要的人请自己拿，不用客气。就这样，"爱心冰箱"的故事开始了。

渐渐地，来拿水的人越来越多，大家都非常感谢这家餐馆。同时，也有人悄悄地送水过来。餐馆的人经常会发现，桌子上的水突然变多了。还有人知道"爱心冰箱"的故事后，没办法自己过来送水，就给餐馆寄钱。

就这样，"爱心冰箱"从一张小小的桌子变成了一台大大的冰箱。冰箱里的东西也越来越多，越来越丰富。很多来餐馆吃饭的客人知道这件事后，也加入了"爱心队伍"，买了各种东西放进冰箱。

在小学做老师的杨女士，就是这样加入"爱心队伍"的。有一天，她带着女儿来到餐馆，买了五十多瓶水。杨女士和女儿一起，把水一瓶一瓶地放进了"爱心冰箱"。这是她的教育方法。她这样做，正是为了让女儿学会帮助有困难的人。

现在，除了成都市，许多城市也都有了自己的"爱心冰箱"，"爱心队伍"不断壮大。在一些城市，还出现了"爱心粥店"和"爱心书屋"，爱心故事仍在继续。

5. 善良勇敢的快递员

　　小彭今年三十一岁，是一名快递员。

　　6月13日下午一点，小彭像平时一样，骑着车送快递。经过一座大桥的时候，他突然看到前面停着好多车，还有许多人在往桥下看。小彭心里感到很奇怪，想不出这些人都在看什么。于是，他也忍不住走过去看了一下。原来有一个女人掉进了河里，正在不断地挣扎。

　　小彭问了问周围的人。他们告诉他，掉进水里的是一个年轻女孩儿，是她自己跳下去的。小彭听完，立刻脱下上衣，走到了大桥边上。旁边的人看到后，吃惊地问他："你要做什么？"小彭只说了两个字："救人！"

　　可是，这座大桥不是普通的桥，距离水面大约有十五米高，就跟五层楼一样。即使这样，小彭也没有退缩。他闭上眼睛，勇敢地跳了下去。小彭游到女孩儿旁边，先抓住她的手，再用手勾着她的头，带着女孩儿一起游起来。就这样，他成功地救下了女孩儿。

　　救人之后，有人问小彭："你为什么要这样做？当时不害怕吗？"小彭诚实地回答："其实我心里也很害怕。不过，看到有人掉进了水里，即使害怕，我也一定会跳下去救他。"

　　和小彭一起工作的同事，都表扬小彭是一个好人。同事说："小彭工作特别认真，平时就很喜欢帮助别人。无论是谁，只要有困难，他一定会主动帮忙解决问题。有一次，一个同事送快递的时候，电瓶车突然没电了。小彭虽然离得很远，可是他知道以后，立刻就过去帮忙了。"

　　小彭因为救了女孩儿，拿到了十五万元的奖励。他想了想，决定把这笔钱捐献给家乡。尽管他自己的生活也不富裕，但小彭还是决定这样做，因为他希望他的家乡可以变得更好。

6. 留长头发的小男孩儿

"我有长长的头发，我是一个小男孩儿，我要把头发捐给得癌症的小朋友。"

武光年今年五岁了，正在上幼儿园，上面这句话就是他说的。

光年两岁时，看到电视里说一些小朋友因为得癌症而没有了头发，他非常同情他们。小光年对妈妈说："我要把我的头发送给他们。"可是，妈妈告诉他："你的头发太短，没办法送给这些小朋友。"小光年想了想，又对妈妈说："没关系，我可以留长头发。"

从那以后，小光年真的留起了长头发。家里人都很吃惊，他们本来以为小光年还不到三岁，只是在开玩笑。不过，捐头发必须留到三十厘米以上，家里人担心小光年可能坚持不了。但令人意外的是，小光年竟然一直没有放弃。

因为头发比其他男孩子长，小光年经常被人以为是女孩子。第一天去幼儿园，其他小朋友也说他是女孩子。小光年大叫："我是男孩子！"可是小朋友们都不相信，说："留长头发的就是女孩子。"为了这件事，小光年难过得哭了。回到家，爸爸鼓励他："你是男孩子。男孩子即使被人嘲笑也不怕。"

好几次，小光年的妈妈看到他这么难过，劝他把头发剪掉。可是不管妈妈怎么说，小光年就是不愿意。他坚持要把头发留下去。

后来，小光年的老师知道了他留长头发的原因，非常感动。老师把这件事告诉了其他小朋友。小朋友们听完老师的话，都主动跟小光年说对不起。他们还抱住了小光年，说："你真棒！你是一个小英雄。"

在坚持了三年之后，小光年的头发终于超过了三十厘米，他很快就可以去捐头发了。小光年非常开心，他坚持到了最后。小光年自豪地说："我最喜欢的玩具是奥特曼，因为奥特曼可以保护别人。"

7. 敬礼娃娃

2008 年 5 月 12 日，再过一天，郎铮就要三岁了。他早早地吃完早饭，带着喜欢的汽车玩具，跟着父母去了幼儿园。

下午两点二十八分，小郎铮正在幼儿园里睡午觉。突然，地板剧烈地摇晃起来。小郎铮看到幼儿园里的玩具都掉在了地上，桌子和椅子也倒了下来。他害怕极了，不知道发生了什么。

接着，小郎铮感到有一个很重很重的东西压在了他的身体上。他试着动了一下，可是完全动不了。小郎铮很想大叫，却叫不出来。周围一片黑暗，什么也看不见。小郎铮忍不住哭起来。

那一天，中国四川省汶川地区发生了一场大地震，小郎铮被压在了废墟下。地震发生后，许多人赶来救人，杨记者也在废墟上忙着拍照。突然，他好像听到有孩子在哭，声音很轻很轻。他认真地听了一会儿，打开手电筒找起来。

终于，杨记者找到了小郎铮，他赶紧找人来救孩子。经过两个小时的努力，人们终于从废墟里救出了小郎铮。而这个时候，不到三岁的小郎铮已经被压了二十个小时。为了向救他的人表示感谢，小郎铮竟然举起右手，敬了一个礼。杨记者给他拍了一张照片。因为这张照片，小郎铮一下子出了名，人们都亲切地叫他"敬礼娃娃"。

七年后，小郎铮长大了，可是救他的杨记者却生了病，病得很重。郎铮一有时间，就去医院看望杨记者，他从来没有忘记是杨记者救了他的命。然而，杨记者的病一天比一天重。终于有一天，他永远地闭上了眼睛。郎铮特别伤心，他跪在杨记者的床边，跟他的救命恩人说再见。

那之后，又过了八年，郎铮十八岁了，参加了高考。他一直都在努力学习，希望考进一所好大学，将来可以回报社会。高考成绩出来后，郎铮得了 637 分，考进了著名的北京大学。他相信如果杨记者知道了，也一定会为他感到高兴。

8. 长城摄影师

杨东出生在中国辽宁，是一名摄影师。从 2015 年起，他开始给长城拍照片，到现在已经拍了八年。从东北到新疆，他几乎走遍了整个长城。杨东在长城上的 150 多个地方，拍下了五十多万张照片，走过的路加在一起大约有十五万公里。

杨东说："给长城拍照片，多数时间都在等待，等待最好的时机。长城上最美的季节是春天，因为花都开了，特别漂亮。可是如果刮起大风，只要一个晚上，花就会被刮掉。那样的话，就只能再等一年才能拍到。"

杨东还说："夏天可以拍云海，特别壮观。但是云海非常难拍，往往要去好多次才能拍到。我总是在下雨之后去，要去二十、甚至三十次。"

杨东拍了这么多照片，其中有一张他最喜欢。他给这张照片取了一个题目，叫《大国战号》。那天，他一个人在长城上走了很久，一直没能找到满意的拍摄地点。于是，他坐在一块大石头上，决定休息一下。就在这时，他看见许多许多的云不断地从山里升起来。杨东感觉特别激动，赶紧找了一个地方，拍下了长城上的烽火台和那些云。在他的照片里，云从烽火台上升起，看上去就像烟一样。看着这张照片，人们感觉好像回到了过去，正站在古老的战场上。

经过这么多年的拍摄，杨东感到长城上的生态环境一年比一年好。这里的花越开越多，越开越美。而且，他拍摄时还遇见了许多可爱的小动物，有兔子，还有松鼠。

有人问杨东："拍长城拍了这么多年，会不会拍腻了？将来是不是打算拍一些其他的东西？"杨东却说："长城永远都拍不腻，我打算拍长城拍一辈子。如果人能够找到一件事做一辈子，是一种幸福。"

9. 感动中国的日本"沙漠之父"

远山正瑛，1906 年出生在日本山梨县富士吉田市。他大学时学习农业，毕业后去了中国留学。

远山来到中国的一个小村子，那里的人很穷，土地严重沙漠化，生活过得非常苦。远山遇见了一个父亲，带着十五岁的女儿。因为没有钱生活，父亲要把女儿卖给远山。远山非常震惊，回到日本后也常常想起这件事。

远山很想再去中国，帮助那里的人在沙漠里种树，可是一直没有机会。直到许多年后，他退休了，才终于实现了愿望。

然而，在沙漠里种树是一件非常困难的事，远山经历了许多次失败。就连当地人都不相信沙漠里可以种树，他们都把远山当做坏人。没有人帮忙，也得不到当地人的理解。即使这样，远山也没有放弃。

一天又一天，远山用自己的手种下了一棵又一棵树。可是，就在他快要种到一百万棵树的时候，当地发生了洪水。刚种下的树实在太小，结果都被水冲走了。远山感到很绝望。这时，当地人出现在他的面前。他们看到远山这样努力地种树，被他的精神深深地感动了，决定和他一起努力。

在当地人的合作下，种树的速度一下子变快了。洪水过去一年以后，远山和当地人一起，成功地种下了一百万棵树。这些树组成了森林，沙漠变成了农田。当地人开始在农田里种蔬菜，死去的土地重新活了过来。

远山不只是自己种树，他还号召日本人一起帮助中国。他回到日本，去许多地方演讲，号召日本人每个人每个星期少吃一顿饭，捐款给中国种树。他还带着 7000 多个日本人去中国种树，把沙漠变成森林。

1996 年，为了向远山表达感谢，也为了纪念他做的一切，中国为他造了一座塑像。2004 年，远山离开了这个世界，他在沙漠里种下的那些树将永远地留在中国的土地上。

10. 快快乐乐的哈哈村

"你是哪里人？"

"四川省凉山。"

"凉山的哪儿？"

"哈哈。"

"啊？"

中国四川省的凉山有一个哈哈村。村里的人介绍自己时，经常会出现上面这样的有趣的对话。"哈哈"在中文里代表发笑的声音，所以很多人听到"哈哈村"时，都以为在开玩笑。

哈哈村的村民说，"哈哈"这个名字其实很老了，已经有一百多年的历史。这里不只是村子的名字叫"哈哈"，还有很多东西的名字也叫"哈哈"。比如，村子旁边有一条哈哈河，村子里面有哈哈小学，还有哈哈商店。

这个村子为什么用"哈哈"做名字？究竟是谁给村子取了一个这么特别的名字？有人说，其实最早的时候，先有哈哈河，再有哈哈村。但是这样的说法是不是真的，现在已经没有人知道。

哈哈村周围还有好几个村子，名字里面都有"乐"字。村里的人常常说，这个地区的人总是很快乐，因为村子的名字放在一起，就是"乐哈哈"。哈哈村的人说："向别人介绍自己的家乡时，每次都很麻烦。因为很多人最开始都听不明白，必须给他们慢慢地解释。不过，解释清楚以后，大家都会哈哈大笑。这也是一件很快乐的事。"

除了哈哈村以外，四川还有许多有趣的地名。比如，有一个地方叫"妈妈镇"，据说是为了纪念一个伟大的女人。三百多年前，有一个女人生活在这里。她经常帮助穷人，照顾老人，很受人们尊重。所以，大家都亲切地叫她"妈妈"。时间久了，这片地区的名字也变成了"妈妈"。

另外，四川还有一个地方叫"高兴镇"。有人说："去了高兴镇，肯定每天都很高兴。"还有人说："如果我出生在高兴镇，那么我一定跟别人说：我是高兴人。"

11. 王奶奶和一碗热馄饨

小许十五岁，住在中国四川省。他家里很穷，没有钱给他上学。每天，小许都要一家一家地敲开邻居家的门，讨要他们吃剩的饭菜，拿回家喂猪。

有一天，小许像平常一样，推着手推车在村里讨要饭菜。忽然，他闻到一阵很香的味道，是从一家小店传出来的。这家店在村里非常有名，卖的馄饨特别好吃。

小许在心里对自己说："肚子好饿啊。可是，我身上一分钱都没有。算了，闻闻味道也好。他深深地吸了一口气，把香味吸进了肚子里。

这时，一个老奶奶向他招了招手，说："你过来，坐这里。"

小许很惊讶，问："您是在叫我吗？"

老奶奶回答："就是在叫你！快过来，坐下。"

小许不知道老奶奶为什么要叫他。不过，他还是走过去，和她坐在了一起。两个人等了一会儿，店里的人送来了一碗馄饨。老奶奶把碗推到小许面前，说："快吃吧。"

小许更惊讶了，问老奶奶："给我吃？"

老奶奶笑着回答："对，给你吃。快，趁热。"

就这样，小许认识了王奶奶。王奶奶在很多方面都非常照顾小许，不但请他吃馄饨，还把自己家种的蔬菜分给他。

有一天，小许偶然看见王奶奶朝一幢又破又旧的房子走去。

"王奶奶！"小许叫了一声。王奶奶回过头："是你啊。"她说着，轻轻地笑了一下，看上去似乎很难过，也很累。小许这时才知道，王奶奶的丈夫病得很重，儿子眼睛看不见。所以，家里只有王奶奶能够工作赚钱。尽管王奶奶的生活也很苦，但她仍然把自己的吃的分给了小许。

1987年，王奶奶的丈夫去世了。两年后，她因为没有钱付房租，只能和儿子一起住进了养老院。小许总是尽量抽时间去看她，陪她聊天儿。

2002年，王奶奶的儿子也生病去世了。谁都可以看出，失去儿子让王奶奶非常痛苦。儿子死后不久，王奶奶自己又被车撞，两条腿都骨折了。

小许知道这件事后，和家里人商量说："我想让王奶奶住到我们家来，跟我们一起生活。我小的时候，王奶奶很照顾我，对我就像对家人一样。"

小许的家人同意了。于是，小许再次来到养老院见王奶奶。

小许说："王奶奶，跟我一起回家吧。"

王奶奶听了，惊讶地问："回家？回什么家？"

小许回答："您就是我的家人，所以，回我们的家。"

就这样，王奶奶搬到了小许家，他们成为了一家人。搬家时，王奶奶只带了一件东西，是一根长长的拐杖。那之后，她的生活愉快而平静。2014 年 1 月，94 岁的王奶奶永远地闭上了眼睛。

12. 木碗

有一天，一个老人搬到了儿子家，和儿子的妻子，还有四岁的小孙子一起生活。老人的手抖得厉害，眼睛也已经看不清楚，走路很慢很慢。

每天晚上，一家人都会坐在桌子边一起吃晚饭。但是，因为老人实在太老了，手抖，看不清，所以吃起饭来非常困难。他吃饭时，不是把吃的东西掉在地上，就是把牛奶洒在桌子上。这样的事情越来越多，儿子和他妻子不由得生起气来。儿子抱怨说："父亲真是太麻烦了！总是把牛奶洒到桌上，吃饭时还会发出声音，吵死了。他还老是把吃的掉在地上，真浪费！"于是，儿子和妻子另外准备了一张小桌子。每天晚饭时，老人自己一个人在小桌子上吃，其他家里人在大桌子上吃。

后来，由于老人又摔坏了好几个碗，儿子就把父亲的碗换成了木碗。有时候，家里人也会看到老人一边吃饭一边流泪。但即使这样，儿子和他妻子仍然只会抱怨，责怪老人把勺子或者吃的掉在地上。这些都看在了四岁的小孙子的眼睛里。

有一天晚饭前，四岁的小孙子坐在地板上玩儿木片。老人的儿子问他："你在玩儿什么？"小孙子笑着回答："我在给爸爸、妈妈做木碗。等我长大了，爸爸、妈妈就可以用我做的木碗吃饭啦！"他说完，又开始玩儿起了木片。儿子和他妻子听到后，吃惊得说不出话。然后，两个人都流下了眼泪。这时他们才意识到，自己做的事多么过分。两个人紧紧抱住了他们的儿子，也抱住了他们的爸爸。这天晚上，儿子和他妻子拉着老人的手，让他重新回到了大桌子上。

从那一天开始，老人又和儿子一家在同一张桌子上一起吃饭了。不管老人掉了勺子，还是洒了牛奶，儿子和他妻子再也没有抱怨过。这样的生活一直持续到老人死去的那一天。

13. 无言的爱

　　吉娜和陶德是一对恋人，但是吉娜的家人一直反对他们谈恋爱。吉娜的父母总是对吉娜说："陶德家里太穷，和他在一起，你一辈子都会过得非常辛苦。"尽管这样，吉娜还是深深地爱着陶德，并没有离开他。

　　两三年后，陶德大学毕业，决定去国外留学。走之前，他向吉娜求婚。他对吉娜说："虽然我不太会说话，但是我真的很爱很爱你。如果你愿意，请让我永远陪在你的身边，保护你一辈子。我知道你的家人不喜欢我，但我会尽最大的努力，让他们接受我。你愿意嫁给我吗？"吉娜点点头，接受了陶德的求婚，陶德给她戴上了戒指。陶德的真心感动了吉娜的家人，他们也终于接受了他。

　　陶德去留学的那几年，吉娜找了一份工作。有一天，她去上班的路上，被一辆车撞了。吉娜醒来时，看到父母站在床边，母亲哭得很伤心。她本来想说几句话安慰母亲，可是却发现自己发不出声音。医生告诉她，因为大脑受到撞击，她已经不能说话。看着父母伤心难过，吉娜却什么也说不了。她忍不住哭起来。

　　离开医院回到家后，吉娜的生活又回到了过去，几乎跟以前一样。可是，每当电话响起的时候，她都会觉得心里难受得像要被撕碎，因为她再也不能和陶德说话了。吉娜仍然从心底里爱着陶德，但是她不愿意变成他的负担。吉娜给陶德写了一封信，骗他说，她不想再等下去，已经有了新的恋人。吉娜把戒指还给了陶德。陶德收到信后，不知道给她写了多少封回信，也不知道给她打了多少次电话。可是吉娜除了流泪，做不了任何事。

　　吉娜的父母决定搬家，希望女儿忘掉一切，重新找到新的幸福。吉娜开始学习手语，过上了新的生活。她每天都在告诉自己，必须要忘记陶德。

　　有一天，一个朋友告诉吉娜，陶德留学回来了。吉娜拜托朋友不要把这几年发生的事告诉陶德。

　　就这样，一年过去了。朋友又来到吉娜家，手里拿着陶德的结婚请柬。吉娜惊讶地发现，请柬上竟然写着她的名字。几分钟后，陶德出现在她的面前。他用手语对吉娜说："我一直没有忘记我对你的承诺。为了告诉你这一点，我用一年的时间学会了手语。我想要成为你的声音。我爱你。"说完这些，他重

新给吉娜戴上了戒指。吉娜终于幸福地笑起来。

14. 洗衣工的儿子

一位非常优秀的青年来到一家大企业找工作。他成功地通过第一次面试后，公司的董事来对他进行最后的面试。

董事看了看青年的简历，从高中到大学，再到研究生院，成绩一直非常优秀。

董事问青年："你在学校里拿过奖学金吗？"青年回答："没有，一次都没拿过。"

董事又问："那么，你上学的费用是你父亲付的吗？"青年说："不，是我母亲付的。我的父亲在我一岁时去世了。"

董事听了，继续问青年："你的母亲做什么工作？"青年回答："她是一名洗衣工。"董事让青年伸出手。青年的手非常光滑，没有受过一点儿伤。

然后，董事问出了下一个问题："你有没有帮你的母亲洗过衣服？"青年回答："没有。"青年说，母亲总是让他好好儿学习，多读书。"而且，"青年还说，"母亲洗衣服洗得比我快多了。"

董事听后，对青年说："我有一个要求。请你今天回家后，帮你的母亲洗一次手。然后，明天一早，你再来见我。"

青年没有想到董事竟然这么快就要再见他一次，心里开心坏了。他觉得他很有可能得到这份工作。

青年回到家，开开心心地对母亲说了面试的事。他说："妈，让我帮你洗洗手吧。"母亲虽然感到有点儿奇怪，但想到能帮助儿子通过面试，她还是很高兴。母亲把手伸给了儿子，儿子开始认认真真地帮她洗手。

这时，儿子才第一次注意到母亲的手竟然这么粗糙，还受了很多伤。而且，这些伤看上去很痛。每次他摸到它们，母亲的手就会忍不住动一动。

青年终于明白了，这就是母亲送他上学的代价。为了让他顺利毕业，为了让他取得好成绩，也为了让他有一个美好的未来，母亲的手上全都是伤。

帮母亲洗完手，青年拿来了润肤霜，仔仔细细地涂在母亲粗糙的手上。然后，他什么也没说，帮母亲洗完了剩下的衣服。那天晚上，青年陪母亲聊天儿，第一次聊到很晚。

第二天一早，青年再次来见董事。董事问："怎么样？你昨天晚上做了什么？"

青年回答，先帮母亲洗了手，然后再帮她洗完了昨天需要洗的衣服。

董事问青年有没有什么想法。青年说："我学会了感谢。如果没有母亲，就不会有现在的我。帮母亲洗衣服，让我第一次知道母亲的工作有多么辛苦。同时，我也明白了家人有多么重要。"

董事听了，对青年说："我们这份工作，需要的正是你这样的人。你懂得感谢别人，能够看到别人完成工作的辛苦。你被录用了。"

那之后，青年一天都没有忘记过母亲的手。他努力工作，受同事尊重。同事们也跟他一样，努力工作，互相帮助。就这样，公司的业绩越来越好。

15. 我的母亲

　　我的母亲只有一只眼睛。过去她曾经也有两只眼睛，但是我已经记不得那时候的事。小时候，看着母亲没有了眼球的眼睛，我感到很害怕。每次被人看见我和母亲在一起，我总是想藏起来。虽然我也爱我的母亲，但少了一只眼睛的母亲让我感到难为情。

　　有一天，我和母亲一起去商场，遇见了几个同学。他们指着我的母亲笑起来。第二天，我到学校后，一个同学大声对我说："你的妈妈只有一只眼！"其他同学听了，全都笑起来。我心里非常难过，只想找一个没有人的地方藏起来。回家后，我把这件事告诉母亲。我对母亲说："我非常难为情。以后再也不想和你一起出门了。"虽然我知道这样说很对不起母亲，但是我不想再被同学们嘲笑。那时的我完全没有考虑母亲的心情。

　　后来，我离开了家，不想再和母亲有任何联系。我努力学习，去国外留学。过了几年，我结了婚，买了房，还有了自己的孩子。我对我的生活、家庭和孩子都很满意。

　　有一天，母亲突然来到我的家。我和她已经有许多年没有见面，她从来没有见过她的孙子和孙女。母亲站在门口，我的两个孩子一看到她，就害怕得哭起来。妻子听到后，走出来，问我母亲："你是谁？有什么事吗？"母亲平静地回答："对不起。我搞错地址了。"我站在窗边看着，母亲应该看到了我，可是我没有动。她转过身，离开了。妻子问我，有没有见过刚才站在门口的女人。我回答："没有。"我在心里对母亲说了一声：对不起。

　　就这样，又过了许多年。有一天，我收到老同学寄来的信，邀请我回去参加聚会。我平时总是对妻子说，在家乡的时候全都是不愉快的回忆，所以再也不想回去了。可是这一次，我突然很想回去看看。于是，我骗妻子说我要去出差，但其实我回了家乡。

　　聚会结束后，我去了以前和母亲一起生活的房子。邻居告诉我，母亲已经死了。他们还给了我一封信，说是母亲写给我的。我打开信，读起来。一边读，一边流下了悔恨的眼泪。就这样，我哭了很久很久。

　　母亲在信里写：

我最爱的儿子：

你好。我每天都在想你。几年前，我去了你的家，吓到了你的两个孩子，真对不起。

前几天，我遇见了你的老同学。他告诉我，你也会回来参加同学聚会。我听了真的很开心。不过，我最近身体不好，只能躺在床上，可能没办法去见你。

过去，你常常因为我而觉得难为情。我很抱歉。你还小的时候，因为一次意外，失去了一只眼睛。我是你的妈妈，实在不想看着你一辈子就只有一只眼睛。所以，我就把我的一只眼睛给了你。这样，别人就不会嘲笑你了。你能带着妈妈的眼睛看这个世界，妈妈觉得很开心。

永远爱你的妈妈

16. 窗外

　　有两个男人生了很重的病，住在医院的同一个房间。一个叫约翰，一个叫弗兰克。约翰每天下午可以坐起来一个小时，而弗兰克只能躺在床上。他们的房间有一扇窗，约翰的病床就在窗户旁边。

　　两个人经常在房间里聊天儿，一聊就是好几个小时。他们聊自己的妻子，聊家里的人、聊家庭、聊工作，还聊休息时会去哪里玩儿。

　　每天下午，约翰坐起来的时候，他会把看到的一切全都说给弗兰克听。弗兰克听他讲窗外的各种颜色，讲发生的各种事情，他感觉自己的世界也变大了。这一个小时成了弗兰克活着的乐趣。

　　约翰告诉弗兰克窗外有一个非常漂亮的公园，公园里有一个湖。他说，有几个孩子在湖里玩儿模型船，还有鸭子和天鹅在湖里游。公园里开着各种颜色的花，年轻的恋人拉着手走在花园里。很远的地方，还可以看到房子和街道。约翰非常仔细地说着他看到的一切，弗兰克闭着眼睛，想象着这些美丽的风景。

　　就这样，一天又一天，几个星期过去了。

　　有一天早上，照顾他们的护士送水给他们擦洗身体时，发现约翰已经死了。他在睡梦中静静地离开了这个世界。医院的人把约翰从房间里搬了出去。弗兰克问护士，他可不可以搬到窗户旁边的病床上。护士按照他的要求，把他搬到了窗边。她确认弗兰克躺得很舒服后，离开了。房间里只剩弗兰克一个人。

　　弗兰克想用自己的眼睛看一看窗外的世界。他慢慢地转动身体，非常小心地把体重转到一边的腿上。他又兴奋又激动地往窗外看，可是窗外什么也没有，只能看到一面墙。

　　后来，弗兰克告诉护士，以前约翰经常给他讲窗外的世界，那是一个非常美丽的世界。可是护士告诉他，约翰眼睛看不见，连这面墙都看不到。护士说："约翰说的虽然不是真的，但是他一定希望用这种方法鼓励你活下去。"

17. 一杯牛奶

有一个小男孩儿家里很穷，为了自己赚钱读书，只能在家附近一家一家地敲门卖糖果。有一天，他像平时一样，在外面卖糖果，忽然觉得肚子饿极了。可是，他身上只有一美元。小男孩儿来到下一扇门前，想着敲开这扇门后，一定要向里面的人要一些吃的。当一位中年女人打开门时，他差点儿就要开口了，可是突然又觉得很不好意思。小男孩儿没有向她要吃的，只是要了一杯水。女人家里也不富裕，但她看出来小男孩儿好像饿了，所以拿了一只大大的杯子，给他倒了一杯牛奶。

小男孩儿慢慢地喝完牛奶，对女人说："阿姨，对不起，我身上只有这一点儿钱。"他说着，从口袋里拿出了一美元。可是，女人却对他说："你不必给我钱。我的母亲教导过我，帮助别人是不应该收钱的。将来，你一定会变得很厉害，成为一个非常优秀的人。"小男孩儿离开女人家的时候，他感到身上充满了力量。这位善良的阿姨深深地鼓励了他。

这天过后，女人经常想起这个小男孩儿，想起这一天发生的事。女人没有孩子，对她来说，这是一段美好而幸福的回忆。

过了许多年，女人渐渐地老去。有一天，她病倒了。当地的医生检查不出她生了什么病，于是把她送到了市里的大医院。

大医院的医生为女人做了手术。她醒过来的时候，很高兴自己还活着。但同时，她也知道之后的生活将变得非常困难。因为她没有家人，也没有医疗保险，必须自己一点儿一点儿地偿还医药费。

第二天，一位医生来到女人的病房，手里拿着医药费的单子。医生笑着把单子递给女人，说："打开看看。"女人心里格外紧张，打开了单子。可是，上面却写着："医药费已经全部还完。偿还方法：一杯牛奶。"这时女人才意识到，原来这位医生就是许多年前的那个小男孩儿。

18. 情人节的花

　　有一次，一家小报社向人们征稿，希望大家写一写关于情人节的真实的爱情故事。报社收到了许多人寄来的文章。其中，一位名叫苏珊·派克的人寄来的故事被报社选中，登在了 2 月 14 日的报纸上。苏珊写的是她自己的故事：

　　我的丈夫去世的时候，我们结婚差不多五十年了。孩子们都已经长大，离开了家。丈夫很爱我，一直都对我很好，直到他去世的那一天。

　　或许很多人都是这样，我和我的丈夫就像朋友一样。我们喜欢一起看电影，也喜欢一起在家附近散步。散步时，他总是拉着我的手，让我时时刻刻都感到很幸福。

　　每年情人节，丈夫都会去街角的花店，给我买十二朵玫瑰花。他还会在花里放一张小卡片，上面总是写着一句同样的话："我今天比昨天更爱你。"

　　可是有一天，丈夫永远离开了我。他死后，孩子们回来了，陪在我的身边。但几个星期后，孩子们又回到了他们的生活，只留下我一个人。

　　我知道，即使没有了丈夫，我也必须活下去。所以，我努力让自己振作起来。

　　然后，又一个情人节到了。这是我结婚后第一次一个人过情人节。

　　突然，有人敲了敲我家的门。我打开门一看，是街角那家花店的人。你可以想象一下，我有多么吃惊。花店的人递给我十二朵玫瑰和一张小卡片，说："这是您丈夫送给您的。"

　　那时，我简直生气极了，不明白发生了什么。怎么会有人开这样的玩笑？！然而，花店的人诉我，这不是开玩笑。她说："您的丈夫去世前，曾经来过我们花店。他付了一大笔钱，预订了好几年的玫瑰花。他要求我们每年在情人节这天给您送花。"

　　我不知道应该说什么好。过了一会儿，我打开了卡片，上面写着：

　　"我今天比昨天更爱你。"

19. 一杯咸咖啡

　　杰克和黛比是在一次聚会上认识的。黛比既漂亮又优秀，有很多男生追求她，杰克也喜欢上了她。不过，杰克普普通通、平平常常，根本没有人注意到他。

　　聚会结束后，杰克邀请黛比一起去喝咖啡。黛比尽管吃了一惊，但为了保持礼貌，还是答应了。两个人去了一家很不错的咖啡店。可是，杰克实在太紧张，连一句话都说不出。坐了一会儿，黛比感到无聊极了，只想赶紧回家。

　　两个人就这样，对着咖啡默默地坐着。突然，杰克问服务员："能给我一点儿盐吗？"一听到这句话，所有人都看向了杰克。谁会往咖啡里放盐？这也太奇怪了。杰克的脸一下子变得通红。尽管被人看得很不好意思，杰克还是往咖啡里放了盐，喝起来。黛比问他："为什么要放盐？"杰克回答说："小时候，我家在海边，我很喜欢海水的味道。放了盐的咖啡，味道就跟海水一模一样。所以，直到现在，我喝咖啡的时候还是喜欢放盐。这味道会让我想起我的童年和家乡。我非常想念我的家乡。我父母仍然生活在那里，我很想他们。"

　　这一番话深深地感动了黛比，因为杰克的感情很真实，发自内心。黛比认为，如果一个男人能够诚恳地说出这一番心里话，那么他一定很爱他的家。这样的男人重视家庭，也知道对家庭负责。接着，黛比也说起了她的家乡、童年以及家人。

　　这次聊天儿非常愉快，也成为了他们幸福故事的开始。两个人交往了一段时间，黛比可以确定杰克正是她在等的人，符合她的所有要求。他不仅善良，还很会照顾人。黛比简直不敢相信，自己竟然差一点儿错过这么好的人。

　　因为一杯咸咖啡，杰克和黛比走到了一起。他们的爱情就像一个美丽的童话，王子和公主终于快快乐乐地生活在了一起。每次黛比为杰克泡咖啡，都会放进一点儿盐。她知道，他就喜欢喝咸咸的咖啡。

　　四十年后，杰克离开了这个世界。他给黛比留下一封信，信里写道：

　　我最爱的妻子：请你一定要原谅我。我一辈子只对你说过一个谎，但却骗了你一辈子。

　　你还记得我们第一次喝咖啡吗？那时候，我因为太紧张，说错了话。我本来想向服务员要糖，可是却说成了盐。我没有勇气改口，只能对你撒了谎。

我完全没有想到，我们竟然因为那杯咖啡而聊起了天儿，还聊得那么愉快！有好几次，我很想对你说真话。可是我答应过你，绝对不骗你。所以到最后，我都没敢说。

　　现在，我快要死了，不再害怕，终于可以对你说真话了。我根本就不喜欢放盐的咖啡。那味道太奇怪了，真的很难喝！但尽管这样，我还是喝了一辈子咸咖啡。我这么做，就是为了和你在一起。我一点儿都不后悔。和你结婚，是世界上最幸福的事！如果可以再来一次，即使要我继续喝一辈子咸咖啡，我也还是要和你在一起。

　　黛比看完信，哭了起来，眼泪弄湿了信纸。

　　杰克死后，黛比也喝起了放盐的咖啡。有一天，有人问黛比："放了盐的咖啡是什么味道？"她笑着回答："很甜。"

20. 二十美元

有一次，一位非常著名的老师举着一张二十美元的纸币，开始了一场演讲。他问来听演讲的 200 个人："有人想要这二十美元吗？"

人们一个接一个举起了手。老师说："我要把这二十美元送给你们中的一个人。不过，在这之前，我要先做一件事。"

老师说着把二十美元揉在手里，问："还有人想要吗？"

人们还是举着手。

"很好，"老师说，"那这样呢？"他把纸币扔在地上，用力踩了几下。纸币变得又皱又脏。

老师捡起来，又问："好了，这样还有人想要吗？"

人们仍然举着手。

老师说："各位朋友，你们都学到了一个很重要的道理。不管我对这张纸币做什么，你们都想要它。这是为什么呢？因为它的价值没有变，它仍然值二十美元。

"我们的人生也是这样，很多时候，因为我们自己的决定或者一些意外的情况，我们会被人打压，被人欺辱，被人踩在脚下。这时候，我们会觉得自己没有价值。但事实上，无论过去发生了什么，也无论将来会发生什么，你的价值都不会消失。不管脏还是干净，对爱你的人来说，你永远都很重要。

"你的价值不是由你的工作或者你认识的人决定的，而是由你自己是一个什么样的人决定的。

"你是很特别的。请永远不要忘记这一点。"

中国語でちょっといい話

発行日	2024年1月19日（初版）
企画・編集	株式会社アルク 出版編集部 ちょっといい話製作委員会
中国語リライト・翻訳	伏 怡琳
編集協力	古屋順子
校正	本間史
AD・デザイン	早坂美香
イラスト	泰間敬視、石山好宏
ナレーション	陳 淑梅
音楽提供	123RF.COM
録音・編集	株式会社メディアスタイリスト
DTP	株式会社創樹
印刷・製本	萩原印刷株式会社
発行者	天野智之
発行所	株式会社アルク
	〒102-0073 東京都千代田区九段北4-2-6 市ヶ谷ビル
	Website：https://www.alc.co.jp/

落丁本、乱丁本は弊社にてお取り替えいたしております。
Webお問い合わせフォームにてご連絡ください。
https://www.alc.co.jp/inquiry/

地球人ネットワークを創る

アルクのシンボル
「地球人マーク」です。

若您对本书中收录故事的著作权存有疑问，请联系我们
If you have any information concerning the current copyright of any of these stories, please contact us.